EINFACH GUT

Tanja Schindler (Hrsg.)

VEGETARISCHE KÖSTLICHKEITEN

FALKEN

Inhalt

Zu diesem Buch

Immer mehr Menschen verzichten bei ihrer Ernährung auf Fleisch. Dazu haben nicht zuletzt die ständig neu aufgedeckten Skandale rund um die Erzeugung von Fleisch und Fleischprodukten, wie zum Beispiel der Rinderwahnsinn oder die Hormonbehandlung von Kälbern, beigetragen.

Die Gerichte der vegetarischen Küche haben einen großen Anteil an Gemüse, Obst und Getreide. Dadurch wird eine optimale Versorgung mit wichtigen Vitaminen, Mineralstoffen und Ballaststoffen begünstigt. Darüber hinaus wird bei vielen vegetarischen Gerichten im Gegensatz zu Fleischgerichten die Energie vorwiegend über Kohlenhydrate und Eiweiß und weniger über Fett geliefert. So trägt die vegetarische Küche auch auf diese Weise zu einer gesunden Ernährung bei.

Um den Vitamin- und Mineralstoffgehalt von Obst und Gemüse weitgehend zu erhalten, sollten Sie folgende Punkte berücksichtigen:

• Achten Sie beim Einkauf auf Frische und Unversehrtheit der Lebensmittel.

• Waschen Sie Obst und Gemüse vor dem Zerkleinern unter fließendem, kalten Wasser. Lassen Sie es nicht im Wasser liegen.

• Wählen Sie schonende Gartechniken, wie zum Beispiel das Dünsten oder das Dämpfen.

• Das fertige Gericht sollten Sie möglichst schnell servieren und nicht längere Zeit warm halten.

Zu Ihrer Orientierung finden Sie über jedem Rezeptfoto ein Stichwort zur Geschmackscharakteristik und eines zum zeitlichen Gesamtaufwand.

Dabei definieren wir:

schnell: Das Gericht ist in maximal $1/2$ Stunde fertig.
braucht Zeit: Das Gericht ist in maximal $1/2$ bis $1 1/2$ Stunden fertig.
zeitintensiv: Die Zubereitung des Gerichts dauert länger als $1 1/2$ Stunden.

Die angegebenen Zeitbegriffe beinhalten die Zubereitungszeit sowie sämtliche Sonderzeiten. Bei der Zubereitung gehen wir davon aus, daß Gemüse und Obst bereits geputzt und gewaschen sind. Daher werden diese Arbeitsgänge in den Rezepten nicht gesondert erwähnt.

Abkürzungen:

EL	=	Eßlöffel (gestrichen)
TL	=	Teelöffel (gestrichen)
Msp.	=	Messerspitze
Bd.	=	Bund
P.	=	Päckchen
TK-...	=	Tiefkühl-...
l	=	Liter
ml	=	Milliliter
kg	=	Kilogramm
g	=	Gramm
kcal	=	Kilokalorien
ca.	=	circa
Min.	=	Minute(n)
Std.	=	Stunde(n)
°C	=	Grad Celsius

Die Rezepte sind für **4 Personen** berechnet. Ausnahmen sind im Rezeptkopf angegeben.
Die **Kalorienangaben** beziehen sich immer auf **1 Portion.**

3

SALATE UND SNACKS

Salate sind die Klassiker der vegetarischen Küche. Hier werden neue Salatkreationen sowie köstliche Snacks für den kleinen Hunger vorgestellt.

Gemischter Salat mit Kräuterjoghurt

- Zubereitungszeit: ca. 40 Min.
- ca. 360 kcal je Portion
- Dazu paßt Vollkorntoast

150 g Frühlingszwiebeln
150 g Karotten
2 kleine Radicchio
1 mittelgroßer Friséesalat
500 g Champignons
4 EL Sonnenblumenöl
8 EL Weißweinessig
Salz
schwarzer Pfeffer aus der Mühle
1 Knoblauchzehe
2 Schalotten
200 g Vollmilchjoghurt
5 EL gemischte, gehackte Kräuter
(z. B. Petersilie, Kerbel, Thymian
und Estragon)
100 g Parmesan (am Stück)

1. Die Frühlingszwiebeln in feine Ringe, die Karotten in feine Scheiben schneiden.

2. Den Radicchio und den Friséesalat kleinzupfen. Dabei Strunkansätze und feste Blattrippen herausschneiden. Den Salat vorsichtig trockenschleudern und in eine Schüssel geben.

3. Die Champignons vierteln. In einer großen Pfanne das Öl erhitzen und die Pilze darin etwa 5 Minuten unter Schwenken anbraten. Etwa 4 Eßlöffel Essig angießen und das Ganze mit etwas Salz und Pfeffer würzen. Die Pilze nochmals kurz erhitzen, in ein Sieb gießen und abkühlen lassen.

4. Den Knoblauch und die Schalotten schälen und fein hacken. Beides mit dem Joghurt, den Kräutern und dem restlichen Essig verrühren. Das Kräuter-Joghurt-Dressing mit Salz und Pfeffer abschmecken.

5. Karotten, Frühlingszwiebeln, Blattsalate und Champignons in einer Schüssel mischen und das Ganze mit dem Joghurtdressing gut vermischen.

6. Den Salat auf Tellern anrichten und den Parmesan darüberhobeln oder -reiben.

Tip:
Radicchio hat einen ernährungsphysiologisch wertvollen Bitterstoff, der vor allem in den weißen Partien der Blätter sitzt. Er bedingt den leicht herb-bitteren, herzhaften Geschmack des Radicchiosalates.

BRAUCHT ZEIT
AROMATISCH

Gemüse-Reis-Salat

- Zubereitungszeit: ca. 1 Std.
- ca. 640 kcal je Portion
- Dazu paßt Toastbrot

- **200 g Reis**
- **$1/2$ TL Meersalz**
- **200 g Karotten, 200 g Zucchini**
- **je 1 rote und gelbe Paprikaschote**
- **1 Frühlingszwiebel**
- **1 frisches Eigelb**
- **1 TL Senf**
- **5 EL Weißweinessig**
- **150 ml Olivenöl**
- **ca. 200 g Joghurt**
- **weißer Pfeffer aus der Mühle**
- **einige Kopfsalatblätter**
- **5–6 EL fein gehackte Petersilie**
- **1 EL edelsüßes Paprikapulver**

1. Den Reis etwa 20 Minuten garen. Inzwischen die Karotten und die Zucchini in etwa 1 cm große Würfel schneiden. Die Paprikaschoten halbieren, entkernen und ebenfalls in etwa 1 cm große Stücke schneiden. Die Frühlingszwiebel der Länge nach halbieren und fein schneiden.

2. Eigelb zusammen mit Senf und Essig verrühren. Das Olivenöl in einem dünnen Strahl darunterschlagen. Dann den Joghurt und die Frühlingszwiebeln unter die Mayonnaise ziehen und das Ganze mit Salz und Pfeffer abschmecken.

3. Das Gemüse je nach Sorte so lange garen, bis es bißfest ist. Den Reis und das Gemüse in die Salatmayonnaise geben und das Ganze gut vermengen. Die Blätter des Kopfsalates in einer Salatschüssel auslegen. Den Reissalat darauf anrichten. Die gehackte Petersilie und das Paprikapulver darüberstreuen.

(auf dem Foto oben)

Ratatouillesalat

- Zubereitungszeit: ca. 50 Min.
- ca. 330 kcal je Portion
- Dazu paßt frisches Baguette

- **1 Zwiebel**
- **2 Knoblauchzehen**
- **300 g Auberginen**
- **300 g Zucchini**
- **400 g gelbe, rote und**
- **grüne Paprikaschoten**
- **300 g Tomaten**
- **10 EL Olivenöl**
- **je 1 EL gehackter Thymian und Estragon**
- **1 EL gehacktes Basilikum**
- **100 ml Weißwein**
- **$1/2$ TL Salz**
- **schwarzer Pfeffer aus der Mühle**
- **10 EL Sherryessig**
- **einige Kräuterzweige**

1. Zwiebel und Knoblauch schälen, Knoblauch fein hacken. Zwiebel, Auberginen und Zucchini in 2 cm große Würfel schneiden. Paprikaschoten entkernen und würfeln. Tomaten über Kreuz einritzen, überbrühen, abschrecken und enthäuten. Stielansätze herausschneiden, Fruchtfleisch entkernen und in 2 cm große Stücke schneiden.

2. Olivenöl in einer Pfanne erhitzen, die Zwiebelwürfel darin andünsten, die Auberginen dazugeben und für 3 Minuten braten. Die Paprikastücke und den Knoblauch in die Pfanne geben und das Gemüse weitere 3 Minuten scharf anbraten. Die Zucchini und die Kräuter dazugeben und 2 Minuten mitdünsten. Mit Weißwein ablöschen. Tomatenwürfel dazugeben, das Ganze salzen und pfeffern, dann abkühlen lassen.

3. Das Gemüse mit dem Essig vermischen und den Ratatouillesalat mit Kräuterzweigen garnieren.

(auf dem Foto unten)

BRAUCHT ZEIT · FRISCH

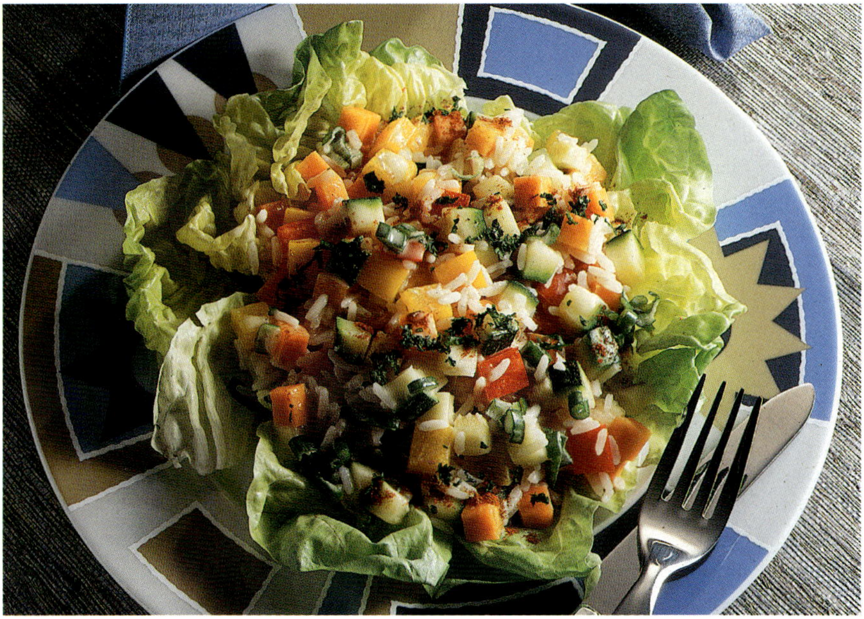

BRAUCHT ZEIT · WÜRZIG

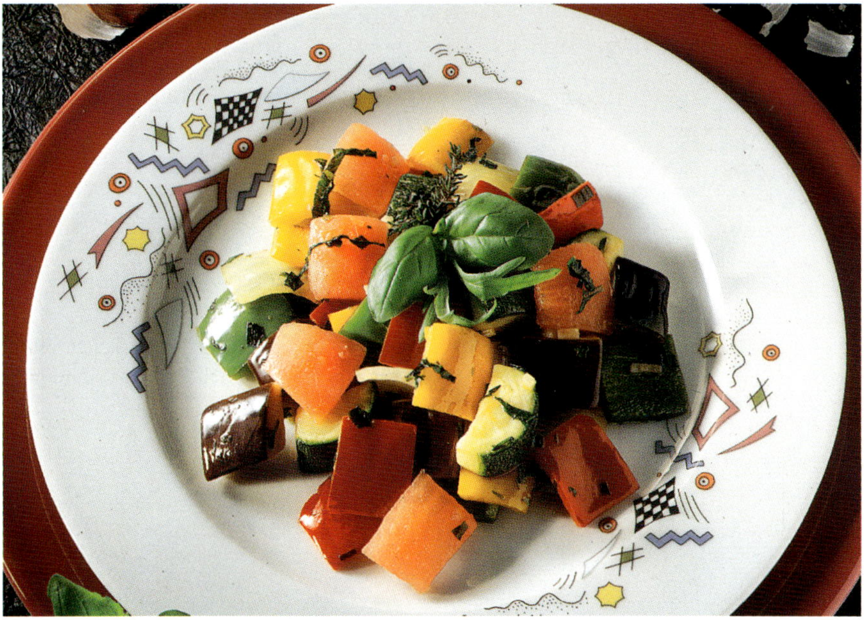

Gemüse-Frucht-Salat

▦ Zubereitungszeit: ca. 20 Min.

▦ ca. 110 kcal je Portion

▦ Dazu paßt frisches Baguette

200 g Weißkohl
200 g Karotten
4 EL frisch gepreßter Orangensaft
4 EL Obstessig
$^1/_2$ TL Salz
schwarzer Pfeffer aus der Mühle
1 Prise Zucker
2 EL Sonnenblumenöl
8 Walnußhälften
1 Bd. Petersilie
2 kleine säuerliche Äpfel
Orangenscheiben zum Garnieren

1. Den Weißkohl in feine Streifen schneiden und die Karotten fein würfeln.

2. Orangensaft, Essig, Salz, Pfeffer und Zucker verrühren. Dann das Öl mit einem Schneebesen darunterschlagen. Das vorbereitete Gemüse in die Marinade geben und das Ganze vermischen.

3. Die Walnußhälften hacken. Die Blätter der Petersilie bis auf kleine Sträußchen für die Garnitur von den Stielen zupfen und fein hacken.

4. Die Äpfel vierteln, das Kerngehäuse entfernen und das Fruchtfleisch in dünne Scheiben schneiden.

5. Den Gemüsesalat zusammen mit den Apfelscheiben auf einer Platte oder auf Tellern anrichten. Die Walnüsse und die Petersilie darüberstreuen. Den Gemüse-Frucht-Salat mit den Orangenscheiben sowie mit den Petersiliesträußchen garnieren.

Petersiliensalat

- Zubereitungszeit: ca. 50 Min.
- ca. 320 kcal je Portion
- Dazu paßt Fladenbrot

80 g Weizengrütze
1 großer Kopf Römischer Salat
600 g Petersilie
12 Tomaten
1 Zwiebel
5 Knoblauchzehen
6 EL Weißweinessig
6 EL Maiskeimöl
$^1/_2$ TL Meersalz
schwarzer Pfeffer aus der Mühle

1. Den Weizen waschen, auf einem Sieb abgießen und etwa 20 Minuten in reichlich Wasser kochen. Ihn anschließend abgießen, gut abtropfen lassen und auf ein Küchentuch geben.

2. Den Salat in einzelne Blätter zerpflücken. Die großen Blattrippen herausschneiden. Die Blätter der Petersilie abzupfen, etwas für die Garnitur zurücklassen und den Rest fein hacken.

3. Die Stielansätze der Tomaten herausschneiden. 2 Tomaten achteln, den Rest halbieren, das Fruchtfleisch entkernen und in etwa 1 x 1 cm große Stücke schneiden. Die Zwiebel und die Knoblauchzehen schälen und ganz fein hacken.

4. Alle vorbereiteten Zutaten, außer den Petersilienblättchen und den Tomatenachteln, in eine Schüssel geben, den Weißweinessig und das Maiskeimöl darübergießen. Das Ganze mit Salz und Pfeffer würzen und vermischen.

5. Die Salatblätter auf einer Platte oder auf Tellern auslegen. Den Petersiliensalat darauf anrichten und mit den Tomatenachteln sowie den Petersilienblättchen garnieren. Möglichst rasch servieren.

9

Kartoffelsalat mit Sprossen

▦ Zubereitungszeit: ca. 1 Std.

▦ Zeit zum Durchziehen ca. $1/2$ Std.

▦ ca. 480 kcal je Portion

▦ Dazu paßt ein kühles Bier

1 kg festkochende Kartoffeln
4 Eier
$1/2$ l Gemüsebrühe (aus Instantpulver)
3 EL Kräuteressig, Salz
schwarzer Pfeffer aus der Mühle
1 Bd. Frühlingszwiebeln
1 Bd. Radieschen
1 Kopfsalat
50 g Sprossen (z. B. Alfalfa)
3 EL USA-Sonnenblumenkerne
300 g saure Sahne
2 EL Zitronensaft
2 EL mittelscharfer Senf

1. Die Kartoffeln 25 Minuten, die Eier 8 Minuten kochen. Beides schälen. Die Kartoffeln in Scheiben, die Eier in Hälften schneiden. Gemüsebrühe und Essig kurz aufkochen, mit Salz und Pfeffer würzen und über die Kartoffeln gießen. Das Ganze etwa $1/2$ Stunde durchziehen lassen.

2. Inzwischen Frühlingszwiebeln in Ringe, Radieschen in kleine Würfel schneiden. Den Salat in einzelne Blätter zerpflücken. Die Sprossen kurz mit kaltem Wasser abspülen und abtropfen lassen. Die Sonnenblumenkerne in einer Pfanne trocken rösten.

3. Saure Sahne, Zitronensaft und Senf verrühren und mit Salz und Pfeffer abschmecken. Kartoffeln, Frühlingszwiebeln, Radieschen und Sprossen unter die Sauce heben. Das Ganze mit Salz und Pfeffer abschmecken. Die Salatblätter auf Tellern auslegen, den Kartoffelsalat darauf anrichten und mit den Eierhälften und den Sonnenblumenkernen garnieren.

(auf dem Foto oben)

Reissalat

▦ Zubereitungszeit: ca. $1/2$ Std.

▦ ca. 440 kcal je Portion

▦ Dazu paßt ein Glas Orangensaft

200 g Vollkornreis
$1/2$ TL Salz
400 g Stangensellerie mit Grün
2 große säuerliche Äpfel
etwas Zitronensaft
4 Pfirsiche
70 g Pinienkerne
300 g Buttermilch
100 ml frisch gepreßter Orangensaft
schwarzer Pfeffer aus der Mühle

1. Den Reis in reichlich kochendes Salzwasser geben und dann etwa 20 Minuten bei schwacher Hitze ausquellen lassen. Etwas Selleriegrün zum Garnieren beiseite legen. Den Sellerie kleinschneiden und etwa 2 Minuten in wenig kochendem Wasser blanchieren. Ihn anschließend kalt abspülen und abtropfen lassen.

2. Die Äpfel vierteln und das Kerngehäuse entfernen. Die Apfelviertel in dünne Scheiben schneiden und mit Zitronensaft beträufeln. Die Pfirsiche halbieren, entkernen und in Spalten schneiden. Die Pinienkerne in einer Pfanne trocken goldbraun rösten. Den gegarten Reis auf einem Sieb abtropfen lassen.

3. Die vorbereiteten Zutaten in einer Schüssel vorsichtig miteinander vermengen, auf einer Platte oder Tellern anrichten und mit dem Selleriegrün garnieren. Die Buttermilch und den Orangensaft verrühren, mit Salz und Pfeffer abschmecken und die Sauce über den Reissalat geben.

(auf dem Foto unten)

BRAUCHT ZEIT · VOLLMUNDIG

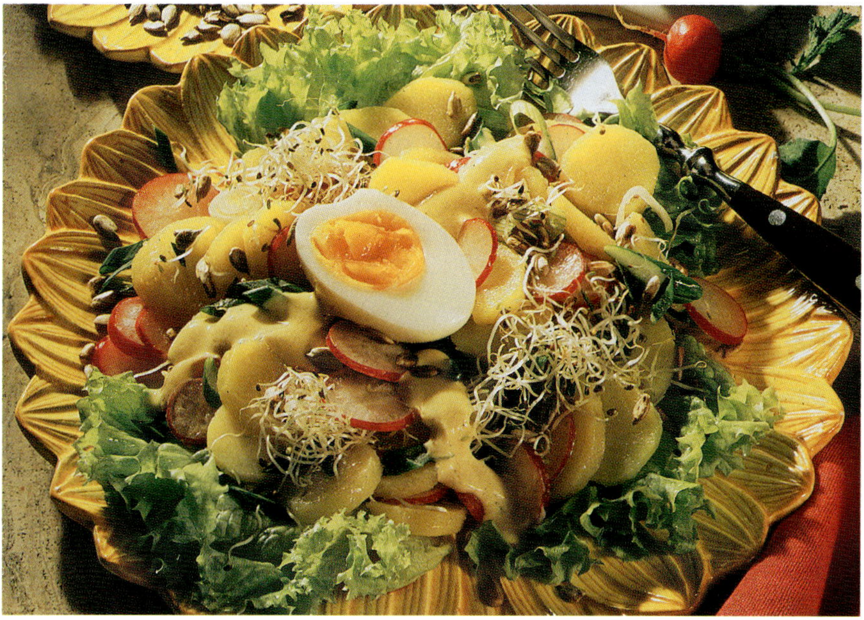

SCHNELL · WÜRZIG

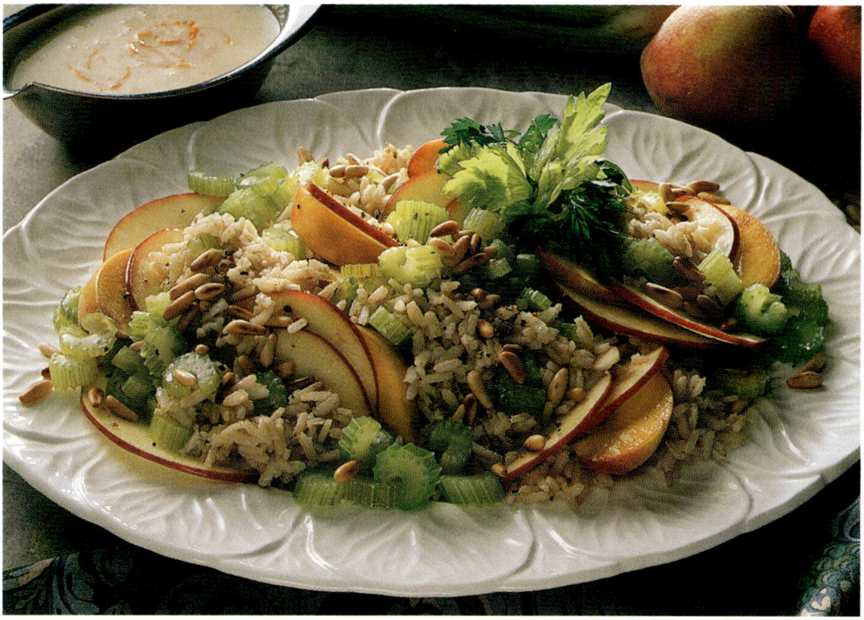

Karottentoast mit Nüssen

- Zubereitungszeit ca. $1/4$ Std.
- ca. 460 kcal je Portion
- Dazu paßt Blattsalat

**4 junge Karotten
120 g Nüsse (vorzugsweise Erdnüsse,
Cashewkerne oder Walnüsse)
4 Scheiben Vollkorntoast
1–2 EL Butter oder Pflanzenfett
schwarzer Pfeffer aus der Mühle
4 Scheiben schmelzfähiger Käse
(Gouda oder Edamer)**

1. Den Backofen auf 200 °C vorheizen. Die Karotten und die Nüsse raspeln oder grob hacken und in einer Schüssel gut miteinander verrühren. Die Vollkorntoastscheiben dünn mit Butter oder Pflanzenfett bestreichen und das Karotten-Nuß-Gemisch gleichmäßig darauf verteilen.

2. Anschließend die belegten Toastscheiben mit Pfeffer gut würzen. Jeweils 1 Schmelzkäsescheibe auf einen Toast legen. Die Karottentoasts im Backofen auf der mittleren Einschubleiste etwa 5 Minuten überbacken.
(auf dem Foto: links)

Tip:
Sie können die Karottentoasts statt im Backofen auch portionsweise in einer Pfanne backen. Hierbei sollten Sie die Pfanne mit einem Deckel verschließen, damit der Käse schön zerläuft. Oder Sie verwenden ein Tischgrillgerät, dabei kann sich die Garzeit um einige Minuten verlängern.

Nußburger

- Zubereitungszeit: ca. 10 Min.
- ca. 450 kcal je Portion
- Dazu paßt Vollkornbrot und frische Salatblätter

**4 frische Eier
120 g geriebene Nüsse
(z. B. Haselnüsse, Mandeln,
Walnüsse, Cashewkerne)
120 g kernige Haferflocken
4 EL Frischkäse oder
geriebener Gouda bzw. Emmentaler
Salz
weißer Pfeffer aus der Mühle
Sonnenblumenöl
6–8 EL Grahammehl**

1. Die Eier in eine Schüssel aufschlagen und mit einer Gabel kräftig verrühren. Die Nußraspeln, die Haferflocken und den Käse in die Schüssel geben. Das Ganze mit Salz und Pfeffer würzen und gründlich vermischen.

2. Das Öl in einer Pfanne erhitzen. Die Hände anfeuchten, damit der Teig nicht klebenbleibt. Aus der Nußmasse 4 Burger formen, sie von beiden Seiten in Grahammehl wenden und im Öl von jeder Seite jeweils etwa 5 Minuten knusprig braun braten.
(auf dem Foto: rechts)

Variation:
Besonders gut schmecken die Nußburger, wenn Sie zusätzlich Karotten verwenden. Hierfür brauchen Sie 2 Karotten, die Sie grob raspeln und mit der Nußmasse vermischen. Anstelle der Haferflocken können Sie 120 g grob geschroteten Buchweizen verwenden, den Sie vor der Verarbeitung in einer Pfanne trocken anrösten.

Morcheln in Käse-Sahne-Sauce

- Zubereitungszeit: ca. $^3/_4$ Std.
- ca. 480 kcal je Portion
- Dazu paßt Blattsalat

300 g Morcheln
250 g Sahne
200 g Hartkäse, z. B. Gouda
oder Emmentaler
Salz, weißer Pfeffer aus der Mühle
4 Weißbrotscheiben

1. Die Morcheln mehrmals gründlich waschen, damit der Sand vollständig entfernt wird, die Stiele abschneiden und größere Pilze halbieren.

2. Die Sahne in einem Topf erwärmen. Die Morcheln hineingeben. Das Ganze etwa 20 Minuten köcheln lassen.

3. Den Käse reiben und nach und nach in die Sauce einrühren. Die Sauce zum Schluß mit Salz und Pfeffer würzen.

4. Die Weißbrotscheiben toasten, auf 4 Tellern anrichten und die Pilze mitsamt der Sauce darüber verteilen.

Tip:
Dieses Gericht schmeckt besonders lecker, wenn Sie die Morcheln mit etwas Zitronensaft beträufeln.

Variation:
Sie können die Morcheln in Käse-Sahne-Sauce auch als feine Sauce zu Nudeln servieren. Hierfür kochen Sie 400 g Nudeln in 8 bis 12 Minuten bißfest. Geben Sie zu der Sauce einen Schuß trockenen Weißwein. Richten Sie die Nudeln auf Tellern an und gießen Sie die Sauce mitsamt den Pilzen darüber.

Rühreier mit Austernpilzen

- Zubereitungszeit: ca. $^3/_4$ Std.
- ca. 210 kcal je Portion
- Dazu paßt Vollkornbaguette

500 g Austernpilze
4 frische Eier
2 EL Vollmilch
Salz
1 Knoblauchzehe
3 EL Olivenöl
1 EL fein gehackte Petersilie
$^1/_8$ l trockener Weißwein

1. Die großen Austernpilze in Streifen schneiden, kleinere Pilze am Stück lassen. Die Eier mit einer Gabel in einer Schüssel verquirlen, die Milch einrühren und das Ganze salzen. Den Knoblauch schälen und fein hacken.

2. Das Öl in einer Pfanne erhitzen. Nun die Austernpilze zusammen mit dem Knoblauch und der Petersilie unter gelegentlichem Rühren in dem Öl anbraten. Das Ganze mit etwas Salz würzen. Den Wein hinzufügen und die Pilze in der offenen Pfanne in etwa 20 Minuten garen.

3. Wenn der Wein fast verdampft ist, die Eier zu den Pilzen geben. Wenn die Oberseite des Omelettes gestockt, aber noch cremig ist, die Eimasse von einer Seite zum gegenüberliegenden Pfannenrand zusammenschieben.

Variation:
Wenn Sie von einem Gemüse Reste übrighaben, können Sie diese anstatt der Pilze gut für dieses Rezept verwenden. Es eignen sich fast alle Gemüsearten, so zum Beispiel Erbsen, Karotten, Spargel, Blumenkohl, Paprika, Brokkoli, Lauch, Zucchini oder Blattspinat.

Italienischer Vorspeisenteller

■ Zubereitungszeit: ca. $^3/_4$ Std.

■ ca. 260 kcal je Portion

■ Dazu paßt Weißbrot

je 1 rote und grüne Paprikaschote
200 g Schalotten
$^1/_8$ l Kräuteressig
1 Lorbeerblatt
1$^1/_4$ TL Salz
$^3/_4$ TL Pfeffer aus der Mühle
1 Chilischote
150 g frische Champignons
1 mittelgroße Zucchini
8 EL Sojaöl
1 Knoblauchzehe
3 EL in Streifen geschnittenes Basilikum
Basilikum zum Garnieren

1. Den Backofen auf 250 °C vorheizen. Paprikaschoten halbieren, entkernen und auf ein Backblech setzen. Im Backofen etwa 10 Minuten bräunen, bis die Haut Blasen wirft. Paprikahälften herausnehmen, enthäuten und in Stücke schneiden. Schalotten schälen. Essig zusammen mit 4 Eßlöffeln Wasser, Lorbeerblatt, 1 Teelöffel Salz und $^1/_2$ Teelöffel Pfeffer aufkochen. Schalotten zugeben und etwa $^1/_4$ Stunde kochen, dann herausnehmen.

2. Chilischote in Ringe schneiden und zusammen mit den Champignons im Sud 5 Minuten kochen. Zucchini in 1 cm dicke Scheiben schneiden. 4 Eßlöffel Sojaöl erhitzen und die Zucchinischeiben darin goldgelb braten. Mit Salz und Pfeffer würzen.

3. Knoblauch schälen und durch eine Presse drücken. Knoblauch mit restlichem Sojaöl, Salz, Pfeffer und Basilikumstreifen verrühren. Das Gemüse anrichten, die Sauce darübergeben und alles mit Basilikum garnieren.

(auf dem Foto oben)

Gefüllte Zucchiniblüten

■ Zubereitungszeit: ca. $^3/_4$ Std.

■ ca. 210 kcal je Portion

■ Dazu paßt frisches Baguette

12 Zucchiniblüten mit Stiel
2 große Tomaten
1 kleine Zwiebel
1 Knoblauchzehe
60 g Butter oder Margarine
1 EL feingehackte Petersilie
1 EL feingehacktes Basilikum
Salz
schwarzer Pfeffer aus der Mühle
3 EL geriebener Parmesan
Petersilie zum Garnieren

1. Die Stiele von den Zucchiniblüten schneiden und fein würfeln. Die Tomaten halbieren, die Stielansätze herausschneiden, das Fruchtfleisch entkernen und würfeln. Die Zwiebel schälen und fein würfeln. Die Knoblauchzehe schälen und durch eine Presse drücken oder fein hacken.

2. 2 Eßlöffel Butter oder Margarine in einer Pfanne erhitzen. Die Zwiebelwürfel, den Knoblauch und das Zucchinifruchtfleisch darin andünsten. Die Tomaten zufügen und das Ganze etwa 5 Minuten schmoren lassen. Die Kräuter unterheben und mit Salz und Pfeffer würzen. Die Füllung etwas abkühlen lassen, dann den Parmesan unterheben.

3. Das fein gewürfelte Gemüse vorsichtig in die Zucchiniblüten füllen. Die Blüten mit Küchengarn zubinden. Das restliche Fett erhitzen und die gefüllten Zucchiniblüten darin unter vorsichtigem Wenden bei mittlerer Hitzezufuhr etwa 5 Minuten braten. Mit Petersilie garnieren.

(auf dem Foto unten)

BRAUCHT ZEIT · ITALIENISCH

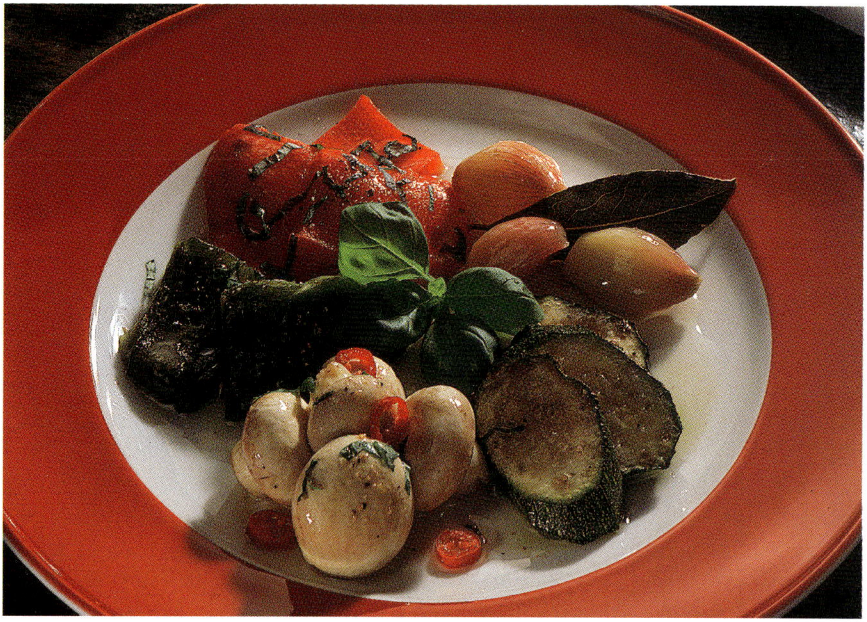

BRAUCHT ZEIT · FÜR FEINSCHMECKER

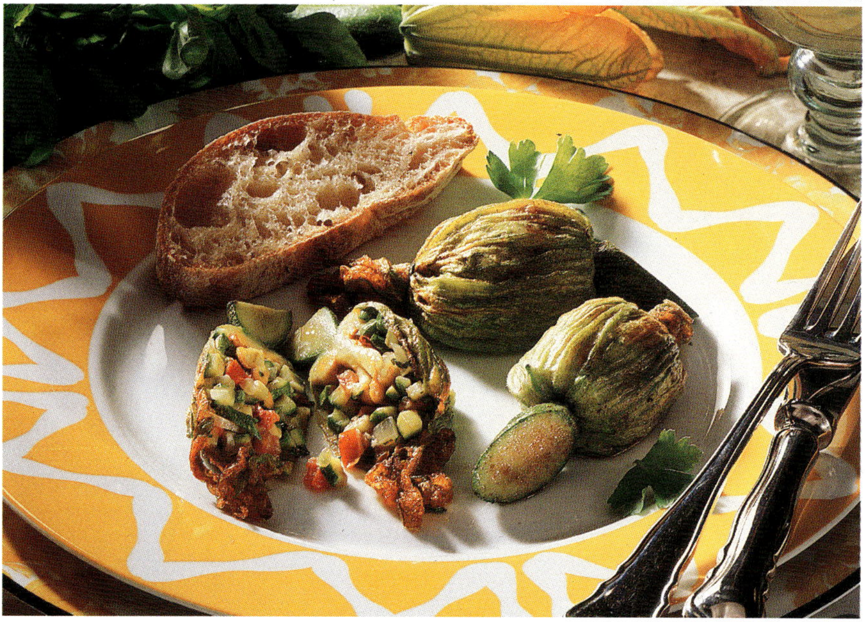

Kräuterchampignons in Bierteig

▨ Zubereitungszeit: ca. $1/2$ Std.

▨ ca. 215 kcal je Stück

▨ Dazu paßt Sauce hollandaise

**16 große Champignons
Saft von 1 Zitrone
4 Knoblauchzehen
3 EL gemischte Kräuter
(z. B. Petersilie, Kerbel, Basilikum,
Thymian)
60 g Butterschmalz
Salz, schwarzer Pfeffer aus der Mühle**

**Für den Teig:
4 frische Eier, 125 g Mehl
125 g Speisestärke, $1/4$ l Bier**

**Außerdem:
500 g Butterschmalz**

1. Die Stiele der Champignons herausdrehen und die Champignonköpfe mit Zitronensaft beträufeln. Die Knoblauchzehen schälen und durch eine Presse drücken.

2. Den Knoblauch und die gemischten Kräuter im Butterschmalz etwa 4 Minuten dünsten und das Ganze salzen und pfeffern. Die Mischung dann in die Pilzköpfe füllen.

3. Die Eier trennen. Mehl, Speisestärke, Eigelbe und Bier in einer Schüssel zu einem glatten Teig verrühren. Das Eiweiß in einem hohen Gefäß mit den Quirlhaken eines Handrührgeräts steif schlagen. Den Eischnee vorsichtig unter die Teigmasse ziehen.

4. Das Butterschmalz in einem großen Topf erhitzen. Die Kräuterchampignons in den Bierteig tauchen und im Butterschmalz in etwa 5 Minuten goldbraun fritieren.

Tomaten-Weißbrot-Spieße

- Zubereitungszeit: ca. $^1/_2$ Std.
- ca. 240 kcal je Portion
- Dazu paßt ein gemischter Salat

200 g Weißbrot ohne Rinde
200 g Cocktailtomaten
2 Knoblauchzehen
5 EL Olivenöl
$^1/_2$ TL Zitronensaft
Salz, schwarzer Pfeffer aus der Mühle
1 EL gehackter Rosmarin
1 EL gehackter Thymian

1. Das Weißbrot in Würfel schneiden, die ungefähr die Größe der Tomaten haben. Das Brot und die Tomaten abwechselnd auf 8 kleine Metallspieße stecken.

2. Die Knoblauchzehen schälen und durch eine Presse drücken. Das Olivenöl zusammen mit dem Knoblauch und dem Zitronensaft in einer Schüssel kräftig verrühren und das Ganze mit Salz und Pfeffer abschmecken. Die gehackten Kräuter darunterrühren.

3. Die bestückten Spieße mit einem Pinsel von allen Seiten mit der Marinade bestreichen. Dann in einer Alugrillschale oder auf Alufolie unter mehrmaligem Wenden etwa 6 Minuten grillen, bis das Weißbrot goldgelb ist.

Tip:
Cocktailtomaten können Sie das ganze Jahr über auf heimischen Märkten bekommen. Sie sind süßer als die herkömmlichen Tomaten und eignen sich auch sehr gut zum rohen Verzehr, zum Garnieren von Platten, für Cocktails oder zum Einlegen. Tomaten, die ihre volle Ausfärbung noch nicht erreicht haben, sind keineswegs qualitativ minderwertig. Sie reifen bei Zimmertemperatur in einigen Tagen nach.

SUPPEN UND EINTÖPFE

Ob fein oder eher deftig, ob kalt oder warm, für jeden Geschmack hält dieses Kapitel die passende Suppe bereit.

Kräuter-Joghurt-Suppe

- Zubereitungszeit: ca $1/4$ Std.
- Zeit zum Kühlen: ca. $3/4$ Std.
- ca. 160 kcal je Portion
- Dazu paßt Bauernbrot

2 Bd. Petersilie
150 g Cocktailtomaten
300 g Vollmilchjoghurt
$1/2$ l Vollmilch
Salz
schwarzer Pfeffer aus der Mühle
1 Prise edelsüßes Paprikapulver
50 g Rettichsprossen
Petersilie zum Garnieren

1. Die Petersilie sehr fein hacken oder pürieren. Die Tomaten vierteln und die Stielansätze herausschneiden.

2. Den Vollmilchjoghurt, die Milch und die feingehackte Petersilie in einer Schüssel kräftig verrühren. Das Ganze mit Salz, Pfeffer und Paprikapulver pikant abschmecken.

3. Die Tomaten und die Rettichsprossen in die Suppe geben und alles vermischen. Die Kräuter-Joghurt-Suppe für $^3/_4$ Stunden in den Kühlschrank stellen. Sie anschließend auf Tellern anrichten und mit Petersiliensträußchen garnieren.

Tip:

Knackige Sprossen sind hochwertige Nahrungsmittel, die Sie aus Samen von Getreide, Ölsaaten oder Hülsenfrüchten fertig gekeimt kaufen oder selber ziehen können. In den Samenkörnern steckt geballte Kraft, da sich während des Keimprozesses die Inhaltsstoffe verändern. Der Gehalt an Vitaminen, Eiweiß und mehrfach ungesättigten Fettsäuren steigt, der Kaloriengehalt nimmt hingegen ab. Den Rettichsamen werden besondere Fähigkeiten zugesprochen: Sie hemmen das Wachstum von Hefen und Schimmelpilzen. Mischen Sie daher einige Rettichsamen unter andere Samen, die Sie keimen lassen, um stets einwandfreie Sprossen zu erhalten.

BRAUCHT ZEIT
SOMMERLICH

Gemüsebrühe mit Brotklößchen

- Zubereitungszeit: ca. $3/4$ Std.
- ca. 250 kcal je Portion
- Dazu paßt ein kühles Bier

4 Scheiben Vollkornbrot
2 Zwiebeln
2 Knoblauchzehen
1 EL Butter oder Pflanzenfett
Salz
weißer Pfeffer aus der Mühle
2 frische Eier
Weizenschrot, Grahammehl
oder Vollkornbrösel
ca. $1^{1}/_{2}$ l Gemüsebrühe
(aus Instantpulver)

1. Die Vollkornbrotscheiben einige Minuten in etwas Wasser einweichen. Inzwischen die Zwiebeln schälen und fein hacken. Die Knoblauchzehen schälen und durch eine Presse drücken. Die Butter oder das Pflanzenfett in einer Pfanne erhitzen und die Zwiebeln sowie den Knoblauch darin anbraten.

2. Die Brotscheiben auf einem Sieb etwas trockendrücken und sie dann mit einer Gabel in einer Schüssel zerkleinern. Das Zwiebel-Knoblauch-Gemisch ebenfalls in die Schüssel geben, salzen und pfeffern und das Ganze gut vermischen. Die Eier aufschlagen und unter die Brotmasse rühren. Nach und nach so viel Weizenschrot, Grahammehl oder Vollkornbrösel in die Masse einrühren, bis ein fester Teig entstanden ist.

3. Die Gemüsebrühe erhitzen, aus dem Teig appetitlich große Klöße formen und diese in der Brühe etwa $1/4$ Stunde lang gar ziehen lassen.

(auf dem Foto oben)

Kartoffelsuppe mit Frühlingszwiebeln

- Zubereitungszeit: ca. 50 Min.
- ca. 500 kcal je Portion
- Dazu paßt Vollkorntoast

350 g Kartoffeln
1 Knoblauchzehe
80 g Schalotten
1 Stange Stangensellerie
2 EL Walnußöl
2 EL Butter, 1 TL Salz
$3/4$ l Gemüsebrühe (aus Instantpulver)
250 g Sahne, 100 g Joghurt
100 ml trockener Sekt
weißer Pfeffer aus der Mühle
1 Msp. Cayennepfeffer
3 Frühlingszwiebeln
60 g Mandelstifte
Koriander zum Garnieren

1. Die Kartoffeln schälen und in kleine Stücke schneiden. Die Knoblauchzehe und die Schalotten schälen und fein würfeln. Den Stangensellerie in kleine Stücke schneiden. 1 Eßlöffel Öl zusammen mit der Butter in einem Topf erhitzen und darin das Gemüse und die Kartoffeln 2 Minuten andünsten.

2. Die Gemüse-Kartoffel-Mischung salzen, Gemüsebrühe sowie Sahne dazugeben und die Suppe 10 Minuten zugedeckt köcheln lassen. Den Joghurt zur Suppe geben und das Ganze mit einem Pürierstab fein pürieren. Den Sekt dazugießen, die Suppe mit Pfeffer, Salz und Cayennepfeffer abschmecken und warm halten.

3. Die Frühlingszwiebeln in 1 cm große Stücke schneiden und im restlichen Öl glasig dünsten. Die Mandelstifte dazugeben. Die Suppe in tiefe Teller geben, die Zwiebel-Mandel-Mischung hineingeben und das Ganze mit Korianderblättern garnieren.

(auf dem Foto unten)

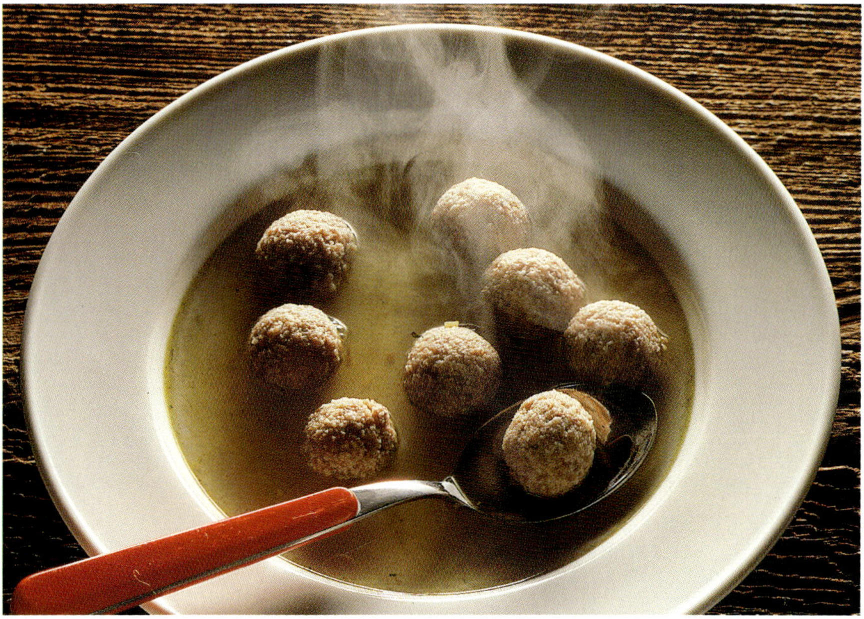

BRAUCHT ZEIT · FEIN-WÜRZIG

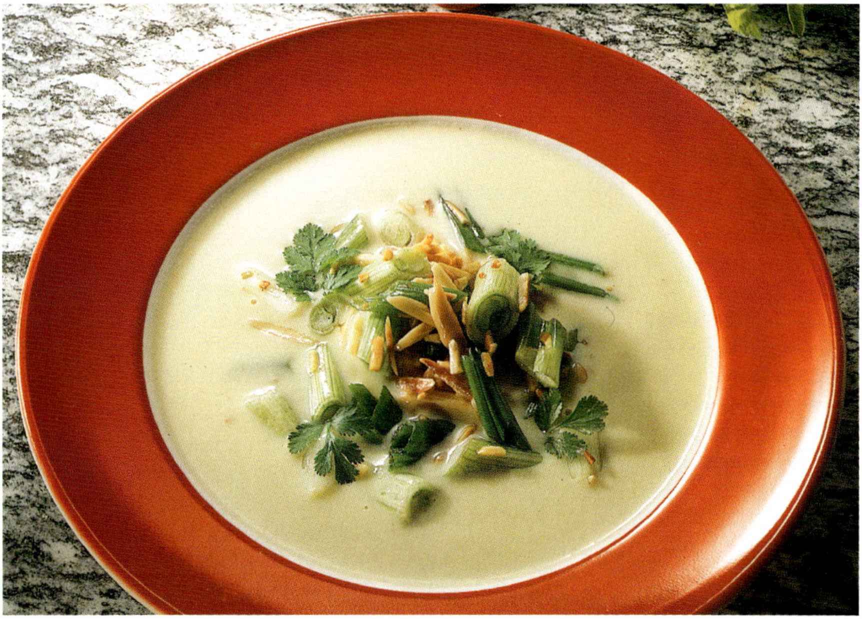

Überbackene Petersilienwurzelsuppe

- Zubereitungszeit: ca. $^3/_4$ Std.
- ca. 720 kcal je Portion
- Dazu paßt ein Glas Weißwein

300 g Petersilienwurzeln
$^1/_4$ Zwiebel
130 g Schwäbischer Raclettekäse
80 g Butter
$^1/_2$ l Gemüsebrühe
(aus Instantpulver)
250 g Sahne
Petersilie zum Garnieren
8 kleine Scheiben Weißbrot
(z. B. Baguette)

1. Einige dünne Scheibchen der Petersilienwurzeln abschneiden und zur Seite legen, den Rest sehr fein würfeln. Die Zwiebel schälen und fein hacken, den Käse reiben.

2. 50 g Butter in einem Topf erhitzen und die gehackte Zwiebel darin andünsten. Die gewürfelten Petersilienwurzeln zugeben und kurz mit anschwitzen. Die Gemüsebrühe angießen und das Gemüse bei mittlerer Hitze weich dünsten, anschließend das Ganze mit einem Pürierstab pürieren. Zum Verfeinern der Suppe die Sahne und 50 g geriebenen Schwäbischen Raclette unterrühren.

3. Den Backofen auf 200 °C vorheizen. In einer Pfanne die Scheibchen der Petersilienwurzel in der restlichen Butter leicht anbräunen. Die Suppe auf 4 feuerfeste Schalen verteilen und sie mit Petersilie und den Scheibchen garnieren.

4. Den restlichen geriebenen Schwäbischen Raclette auf den Brotscheiben verteilen und alles im heißen Backofen kurz überbacken, bis der Käse geschmolzen ist. Je zwei überbackene Brotscheiben auf die Suppe legen.

Amerikanischer Bohnentopf mit Erdnüssen

- Zubereitungszeit: ca. 50 Min.
- ca. 670 kcal je Portion
- Dazu paßt Weißbrot

150 g Erdnüsse (z. B. USA-Erdnüsse)
1 Bd. Frühlingszwiebeln
200 g Stangensellerie
2 mittelgroße Kartoffeln
1 EL Erdnußöl
500 g passierte Tomaten (aus der Dose)
evtl. etwas Gemüsebrühe
(aus Instantpulver)
3 EL gehacktes Bohnenkraut
3 EL gehackter Thymian
800 g Kidneybohnen (aus der Dose)
Salz, weißer Pfeffer aus der Mühle
5 Tropfen Tabasco
$1/2$ Bd. Koriander (oder Petersilie)

1. Die Hälfte der Erdnüsse fein mahlen. Die restlichen Nüsse ohne Fett in einer Pfanne leicht anrösten. Die Frühlingszwiebeln und den Stangensellerie in etwa 1 cm breite Ringe, die Kartoffeln in kleine Würfel schneiden.

2. Das Erdnußöl in einem Topf erhitzen, das Gemüse dazugeben und andünsten. Die gemahlenen Erdnüsse darüberstreuen und kurz anrösten. Die Tomaten und eventuell etwas Gemüsebrühe dazugeben und den Topfinhalt kurz aufkochen lassen. Die Kräuter in den Topf geben und das Ganze bei geringer Hitze etwa 20 Minuten köcheln lassen.

3. Die Bohnen auf einem Sieb abtropfen lassen, in den Topf geben, 5 Minuten darin erhitzen und den Bohnentopf mit Salz, Pfeffer und Tabasco würzig abschmecken.

4. Die Blätter des Koriander fein hacken. Den Koriander unter den Bohnentopf mischen und die restlichen Erdnüsse darüberstreuen.

Gemüsesuppe mit Basilikumpaste

▓ Zubereitungszeit: ca. $2^1/_4$ Std.

▓ ca. 450 kcal je Portion

▓ Dazu paßt Bauernbrot

Für die Suppe:
je 100 g weiße und rote Bohnen
125 g grüne Bohnen
2 Tomaten, 1 kleine Stange Lauch
2 große Zwiebeln, 1 große Kartoffel
1 mittelgroße Karotte
300 g Kürbis, $1^1/_2$ EL Olivenöl
3–4 EL gehackte Petersilie
$1^1/_2$ l Gemüsebrühe (aus Instantpulver)
75 g Fadennudeln

Für die Basilikumpaste:
3 durchgepreßte Knoblauchzehen
10–12 EL gehacktes Basilikum
6 EL geriebener Parmesan
6 EL Olivenöl, Salz
schwarzer Pfeffer aus der Mühle

1. Bohnen in Stücke schneiden und kurz blanchieren. Tomaten über Kreuz einritzen, überbrühen, enthäuten, Stielansätze herausschneiden, entkernen und würfeln. Restliches Gemüse kleinschneiden.

2. Lauch und Zwiebeln im Olivenöl andünsten. Die Hälfte der Tomatenwürfel, Kartoffel, Karotte und Petersilie dazugeben. Gemüsebrühe angießen und die Suppe zugedeckt $3/_4$ Stunden garen.

3. Kürbis, Bohnen und Nudeln in die Suppe einrühren und etwa $1/_4$ Stunde offen weiterköcheln lassen. Knoblauch mit Basilikum und Parmesan verrühren. Olivenöl langsam in die Paste einrühren, sie dann salzen und pfeffern. Die Paste mit etwas Brühe anrühren. Die Gemüsesuppe darübergießen und mit den restlichen Tomatenwürfeln bestreuen.

(auf dem Foto oben)

Zuckerschotensuppe

▓ Zubereitungszeit: ca. 1 Std.

▓ ca. 230 kcal je Portion

▓ Dazu paßt Baguette

500 g Zuckerschoten
2 Bd. Frühlingszwiebeln
200 g Salatgurke
$1^1/_2$ l Gemüsebrühe (aus Instantpulver)
100 g Langkornreis
2 EL Butter oder Margarine
100 g Blattspinat
Salz
schwarzer Pfeffer aus der Mühle
1 Prise Zucker
etwas frisch geriebene Muskatnuß
2–3 Tropfen Tabasco
1 Msp. Sambal Oelek
(scharfe asiatische Würzpaste)
1 Bd. Schnittlauch

1. Die Zuckerschoten schräg halbieren und die Frühlingszwiebeln in feine Ringe schneiden. Die Salatgurke schälen und in dünne Scheiben schneiden. $1/_2$ Liter Gemüsebrühe in einem Topf zum Kochen bringen. Den Reis hineingeben und zugedeckt 15 bis 20 Minuten quellen lassen.

2. Inzwischen die Butter oder Margarine in einem großen Topf zerlassen. Zuckerschoten, Frühlingszwiebeln und Gurkenscheiben darin kurz andünsten. Dann den restlichen Liter Gemüsebrühe angießen und das Ganze im offenen Topf etwa 5 Minuten bei mittlerer Hitzezufuhr kochen lassen.

3. Den Blattspinat grob hacken. Den Reis zusammen mit der restlichen Brühe und dem Spinat zur Suppe geben. Diese aufkochen lassen und mit Salz, Pfeffer, Zucker, Muskatnuß, Tabasco und Sambal Oelek pikant abschmecken. Den Schnittlauch in Röllchen schneiden und auf die Suppe streuen.

(auf dem Foto unten)

ZEITINTENSIV · FEIN-WÜRZIG

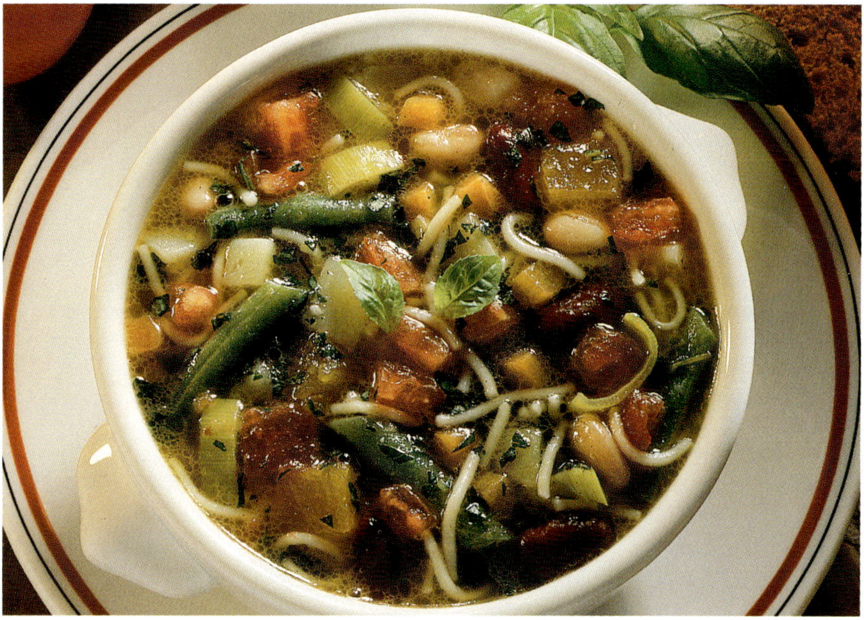

BRAUCHT ZEIT · AROMATISCH

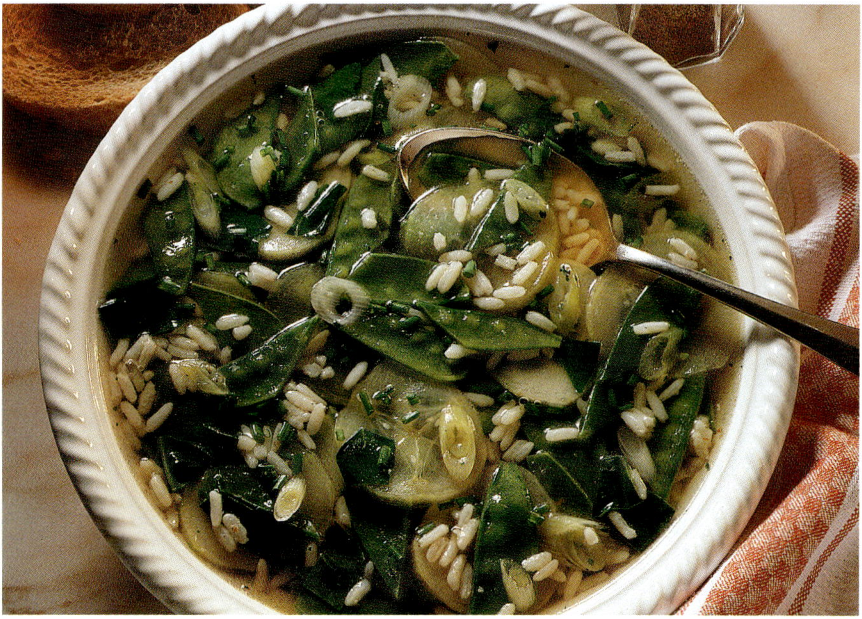

Knoblauchsuppe mit Nudeln

■ Zubereitungszeit: ca. 20 Min.

■ ca. 690 kcal je Portion

■ Dazu paßt frisches Weißbrot

10 Knoblauchzehen
4 EL Olivenöl
1 EL edelsüßes Paprikapulver
75 ml Weißwein
1 Bd. Petersilie
$^3/_4$ l Gemüsebrühe (aus Instantpulver)
100 g Faden- oder Hörnchennudeln
Salz
schwarzer Pfeffer aus der Mühle

1. Die Knoblauchzehen schälen und fein hacken. Das Olivenöl in einem Topf erhitzen und den Knoblauch darin andünsten. Das Paprikapulver über den Knoblauch streuen und das Ganze mit Weißwein ablöschen.

2. Die Petersilie fein hacken. Die Gemüsebrühe und die Petersilie in den Topf geben. Die Gemüsebrühe zum Kochen bringen, die Faden- oder Hörnchennudeln dazugeben und diese in etwa 8 bis 10 Minuten gar werden lassen. Abschließend die Suppe mit Salz und Pfeffer abschmecken.

(auf dem Foto: oben)

Tip:
Knoblauch besitzt eine gute Lagerfähigkeit. Frische, noch grüne Knollen können Sie im Gemüsefach Ihres Kühlschranks bis zu 2 Wochen aufbewahren., die trockene Knolle hält sich im Kühlschrank sogar 6 bis 7 Monate. Lagern Sie Knoblauch immer trocken, ansonsten besteht Fäulnisgefahr.

Knoblauchsuppe aus Anatolien

■ Zubereitungszeit: ca. $^1/_2$ Std.

■ ca. 760 kcal je Portion

■ Dazu paßt ein Glas Weißwein

10 Knoblauchzehen
Salz
3 EL Butter
50 g fein geriebene Sellerieknolle
1 l Gemüsebrühe (aus Instantpulver)
4 Scheiben Toastbrot
4 frische Eier
1 Bd. Petersilie

1. Die Knoblauchzehen schälen, hacken und zusammen mit etwas Salz in einem Mörser zerdrücken. 1 Eßlöffel Butter in einem Topf erhitzen und den Knoblauch darin kurz anbraten. Den geriebenen Sellerie in den Topf geben und kurz mitandünsten. Das Ganze mit ein wenig Gemüsebrühe ablöschen und etwa 5 Minuten kochen lassen. Schließlich die restliche Gemüsebrühe angießen. Die Suppe leise köcheln lassen.

2. Inzwischen die Toastbrotscheiben in kleine Würfel schneiden. In einer Pfanne die restliche Butter erhitzen und die Brotwürfel darin goldgelb rösten. Petersilie fein hacken.

3. Die Eier mit einem Schneebesen in einer Schüssel verquirlen und unter ständigem Rühren langsam in die Suppe geben. Die Suppe noch 1 Minute ziehen lassen, dann in Suppenteller füllen. Mit Petersilie und den gerösteten Toastwürfeln bestreuen.

(auf dem Foto: unten)

Dinkelschrotsuppe

■ Zubereitungszeit: ca. 20 Min.

■ ca. 110 kcal je Portion

■ Dazu paßt Vollkornbrot

> 60–70 g Dinkel, grob geschrotet
> 1 TL Gemüsebrüheinstantpulver
> Salz
> schwarzer Pfeffer aus der Mühle
> etwas frisch geriebene Muskatnuß
> 1 frisches Eigelb
> 2 EL Crème fraîche
> 2 Karotten
> 1/2 Bd. Petersilie

1. Den Dinkelschrot in einem Topf kurz trocken anrösten. 1 Liter Wasser in den Topf geben und die Gemüsebrühe einrühren.

2. Das Ganze aufkochen und etwa 5 Minuten weiterköcheln lassen. Dann die Suppe mit Salz, Pfeffer und Muskatnuß abschmecken.

3. Das Eigelb und die Crème fraîche in einer Schüssel mit einer Gabel verquirlen und vorsichtig in die Suppe einrühren.

4. Die Karotten auf einer Reibe grob raspeln, in die Suppe geben und das Ganze etwa 3 Minuten ziehen lassen. Petersilie fein hacken und über die Dinkelschrotsuppe streuen.

Tip:
Wenn die Suppe dickflüssiger sein soll, können Sie dies leicht durch eine erhöhte Dinkelmenge erreichen.

Variation:
Anstelle des Dinkels können Sie auch Grünkernschrot verwenden. Grünkern nennt man die unreif geernteten Körner des Dinkels, die gekocht leicht würzig schmecken.

Karotten-Orangen-Suppe mit Kerbel

- Zubereitungszeit: ca. $^1/_2$ Std.
- ca. 100 kcal je Portion
- Dazu paßt Roggenbrot

400 g Karotten
$^1/_2$ l Gemüsebrühe
(aus Instantpulver)
2 Orangen, Salz
schwarzer Pfeffer aus der Mühle
1 Prise Zucker
4 EL Bommerlunder
$^1/_2$ Bd. Kerbel

1. Die Karotten in kleine Stücke schneiden. Die Gemüsebrühe in einem Topf aufkochen lassen, die Karottenstücke hineingeben und darin etwa $^1/_4$ Stunde garen.

2. Inzwischen die Orangen schälen, dabei die weißen Häute sorgfältig mitentfernen. Die Orangen filetieren und die Filets 5 Minuten vor dem Ende der Garzeit mit in die Brühe geben.

3. Die gekochte Suppe mit dem Schneidstab eines Handrührgerätes oder mit einem Pürierstab pürieren, anschließend mit Salz, Pfeffer und Zucker abschmecken und den Bommerlunder zugießen.

4. Den Kerbel bis auf einige Blättchen zum Garnieren fein hacken. Den gehackten Kerbel in die Suppe geben und alles erneut kurz aufkochen. Die Suppe auf 4 Teller verteilen und mit den Kerbelblättchen garnieren.

Tip:
Verarbeiten Sie Küchenkräuter so frisch wie möglich. Sie können sie aber auch gewaschen und trockengetupft einige Tage im Gemüsefach Ihres Kühlschranks aufheben. Wenn Sie Kräuter einfrieren möchten, sollten Sie sie vorher waschen, trockentupfen, fein hacken und portionsweise abpacken.

HAUPT-GERICHTE

Kommen wir nun zur Hauptsache. Hier finden Sie die ganze Bandbreite an leckeren Köstlichkeiten, die die vegetarische Küche zu bieten hat. Gemüse spielt hierbei die Hauptrolle.

Hirseauflauf mit Erbsen und Tomaten

▫ Zubereitungszeit: ca.1¹/₄ Std.

▫ ca. 360 kcal je Portion

▫ Dazu paßt eine Joghurtsauce

1 große Zwiebel
1 EL Butter oder Margarine
200 g Hirse
600 ml Gemüsebrühe
(aus Instantpulver)
3 große Tomaten
1 Bd. Petersilie
300 g TK-Erbsen
Salz
schwarzer Pfeffer aus der Mühle
60 g mittelalter Gouda
1 EL Vollkornpaniermehl

Außerdem:
Fett für die Form

1. Die Zwiebel schälen und fein würfeln. Die Butter oder Margarine in einem Topf erhitzen und die Zwiebelwürfel darin glasig dünsten. Die Hirse in den Topf geben, kurz mitandünsten und das Ganze mit der Brühe ablöschen. Die Suppe 8 bis 10 Minuten zugedeckt bei mittlerer Hitze köcheln lassen. Die Kochplatte dann ausschalten und die Hirse in etwa 20 Minuten ausquellen lassen.

2. Den Backofen auf 200 °C vorheizen. Die Tomaten halbieren, die Stielansätze herausschneiden, das Fruchtfleisch entkernen und in Würfel schneiden. Die Petersilie fein hacken.

Die feingehackte Petersilie bis auf einen Eßlöffel in die Hirsemasse einrühren, dann die tiefgefrorenen Erbsen und die Tomaten dazugeben. Das Ganze mit Salz und Pfeffer würzen.

3. Eine Auflaufform (etwa $1\frac{1}{2}$ Liter Inhalt) ausfetten und die Hirsemasse in die Form füllen. Den Gouda reiben und zusammen mit dem Paniermehl über den Auflauf streuen. Die Auflaufform auf die mittlere Einschubleiste des vorgeheizten Backofens stellen und den Auflauf etwa $\frac{1}{2}$ Stunde backen. Den Auflauf aus dem Backofen nehmen und mit der restlichen Petersilie bestreuen.

BRAUCHT ZEIT
RAFFINIERT

Fritierte Käsewürfel auf Kohlrabiragout

▨ Zubereitungszeit: ca. 50 Min.

▨ ca. 610 kcal je Portion

▨ Dazu paßt Tomatensalat

4 Kohlrabi (à ca. 200 g)
1 Zwiebel
50 g Butter
Salz
weißer Pfeffer aus der Mühle
1/2 TL getrockneter Majoran
50 ml Gemüsebrühe (aus Instantpulver)
1 EL fein gehackte Petersilie
etwas Zitronensaft
400 g Gouda oder Edamer (am Stück)
1 frisches Ei
4 EL Semmelbrösel

Außerdem:
Butterschmalz zum Fritieren

1. Die feinen Blätter der Kohlrabi in Streifen schneiden, die Kohlrabiknollen würfeln. Die Zwiebel schälen und fein würfeln. 3 Eßlöffel Butter in einem Topf zerlassen und die Zwiebelwürfel darin glasig dünsten.

2. Die Kohlrabiwürfel in den Topf geben und kurz mitandünsten. Mit Salz, Pfeffer und Majoran würzen. Die Gemüsebrühe angießen und das Ganze zugedeckt bei mittlerer Hitze etwa 1/4 Stunde dünsten. Zum Schluß die restliche Butter in Flocken, die geschnittenen Kohlblätter und die Petersilie unter das Gemüse mischen und das Ganze mit etwas Zitronensaft fein abschmecken.

3. Den Käse in etwa 2 cm große Würfel schneiden. Das Ei in einer Schüssel aufschlagen, mit den Semmelbröseln verrühren und die Käsewürfel darin wenden. Das Butterschmalz in einer großen Pfanne erhitzen und die Käsewürfel darin fritieren, bis sie goldgelb sind. Das Kohlrabiragout auf Tellern verteilen und die Käsewürfel vorsichtig darauf anrichten.

Auberginenröllchen in Tomatensauce

- Zubereitungszeit: ca. 1½ Std.
- ca. 690 kcal je Portion
- Dazu paßt Reis

1 kg reife Tomaten, 1 Zwiebel
3 Knoblauchzehen, 320 ml Olivenöl
Salz, weißer Pfeffer aus der Mühle
1 Prise Zucker
600 g Auberginen, 1 Bd. Petersilie
1 Bd. Basilikum, 3 EL Semmelbrösel
4 EL geriebener Pecorino
(ital. Hartkäse aus Schafsmilch)
150 g Mozzarella

1. Tomaten über Kreuz einritzen, überbrühen und enthäuten. Stielansätze herausschneiden, das Fruchtfleisch entkernen und würfeln. Zwiebel und Knoblauchzehen schälen. Zwiebel und 2 Knoblauchzehen sehr fein hacken. Die restliche Knoblauchzehe durch eine Presse drücken.

2. 250 ml Öl, Tomaten, Zwiebel und zerdrückte Knoblauchzehe in einen Topf geben, mit Salz, Pfeffer und Zucker würzen und zugedeckt etwa ½ Stunde schmoren lassen. Auberginen längs in ½ cm dicke Scheiben schneiden. Kräuter fein hacken.

3. 1 Eßlöffel Olivenöl in einem Topf erhitzen. Semmelbrösel darin anrösten. Kräuter, gewürfelten Knoblauch und Käse untermischen. 2 Eßlöffel Olivenöl darunterrühren und das Ganze salzen und pfeffern. Mozzarella in dünne Scheiben schneiden. Die Kräuterpaste auf die Auberginenscheiben streichen. Diese mit Mozzarellascheiben belegen, aufrollen und mit Holzspießchen zusammenstecken.

4. Restliches Öl erhitzen und die Auberginenröllchen darin rundum knusprig braten. Die Röllchen pfeffern. Zusammen mit der Tomatensauce servieren.

Bunte Gemüsepfanne

- Zubereitungszeit: ca. 20 Min.
- ca. 150 kcal je Portion
- Dazu paßt Knoblauchbrot

1 Zwiebel
1 Knoblauchzehe
2 mittelgroße Zucchini
je 1 rote und gelbe Paprikaschote
125 g Zuckerschoten
3 EL Pflanzenfett (z. B. Biskin spezial)
425 g gewürzte Pizzatomaten
(aus der Dose)
Salz
schwarzer Pfeffer aus der Mühle
100 ml Rotwein
1 Bd. Basilikum

1. Die Zwiebel und die Knoblauchzehe schälen und fein würfeln. Die Zucchini in Scheiben schneiden, die Paprikaschoten halbieren, entkernen und in Würfel schneiden. Größere Zuckerschoten halbieren.

2. Das Pflanzenfett in einer Pfanne erhitzen und die Zwiebel- und Knoblauchwürfel darin andünsten. Die Zucchini- und die Paprikawürfel in die Pfanne geben und unter ständigem Rühren etwa 3 Minuten garen. Dann die Zuckerschoten und die geschälten Tomaten daruntermischen und das Ganze weitere 3 Minuten garen.

3. Das Gemüse mit Salz und Pfeffer würzen und den Rotwein angießen. Die Gemüsepfanne kurz aufkochen lassen. Das Basilikum grob hacken und über das Gericht streuen.
(auf dem Foto oben)

Variation:
Sie können anstelle der gewürzten Pizzatomaten aus der Dose ersatzweise 1 Glas Raguletto unter das Gemüse mischen.

Spinatgnocchi

- Zubereitungszeit: ca. $^3/_4$ Std.
- ca. 420 kcal je Portion
- Dazu paßt Weißbrot

200 g Speisequark (20 % Fett)
1 kg frischer Spinat
1 Zwiebel
1 Knoblauchzehe
50 g Pflanzenfett (z. B. Biskin spezial)
Salz, weißer Pfeffer aus der Mühle
etwas frisch geriebene Muskatnuß
1 frisches Ei
150 g Weizenmehl
2 Tomaten
4 EL grob geriebener Parmesan

1. Quark gut abtropfen lassen. Spinat kurz blanchieren, abschrecken und gut ausdrücken. Zwiebel und Knoblauchzehe schälen und fein hacken. 3 Eßlöffel Pflanzenfett erhitzen und die Zwiebel- und die Knoblauchwürfel darin andünsten. Spinat dazugeben und etwa 5 Minuten garen, bis die Flüssigkeit verdampft ist. Das Ganze mit Salz, Pfeffer und Muskatnuß abschmecken.

2. Spinat pürieren und mit Quark, Ei und 125 g Mehl gleichmäßig verrühren. Aus der Masse Klößchen formen, diese im restlichen Mehl wenden. Die Spinatgnocchi in kochendem Salzwasser etwa 5 Minuten ziehen lassen, bis sie an der Wasseroberfläche schwimmen. Sie dann herausnehmen, abtropfen lassen und warm stellen.

3. Die Stielansätze der Tomaten herausschneiden, das Fruchtfleisch entkernen und würfeln. Tomatenwürfel im restlichen Fett andünsten, dann die Spinatgnocchi dazugeben. Die Gnocchi mit Parmesan bestreuen.
(auf dem Foto unten)

SCHNELL · AROMATISCH

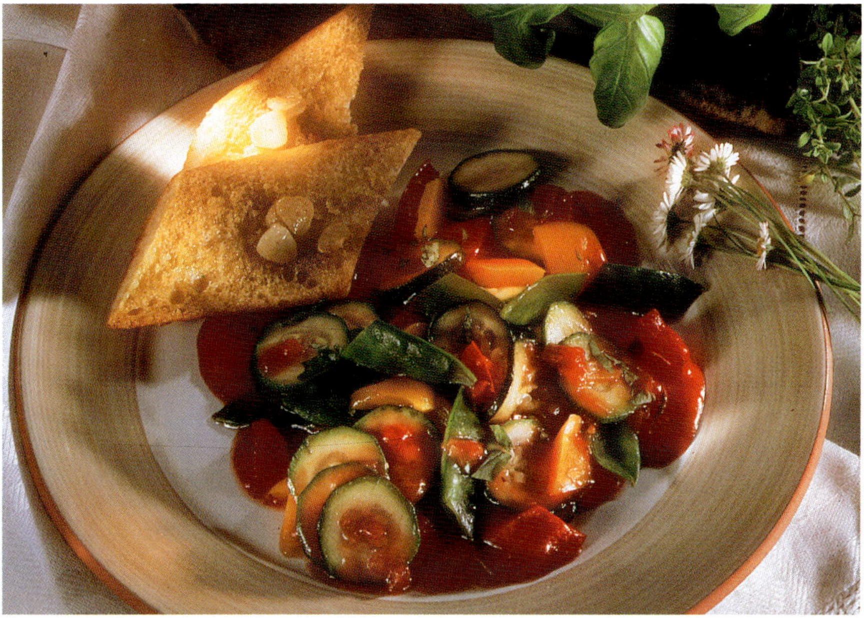

BRAUCHT ZEIT · FEIN

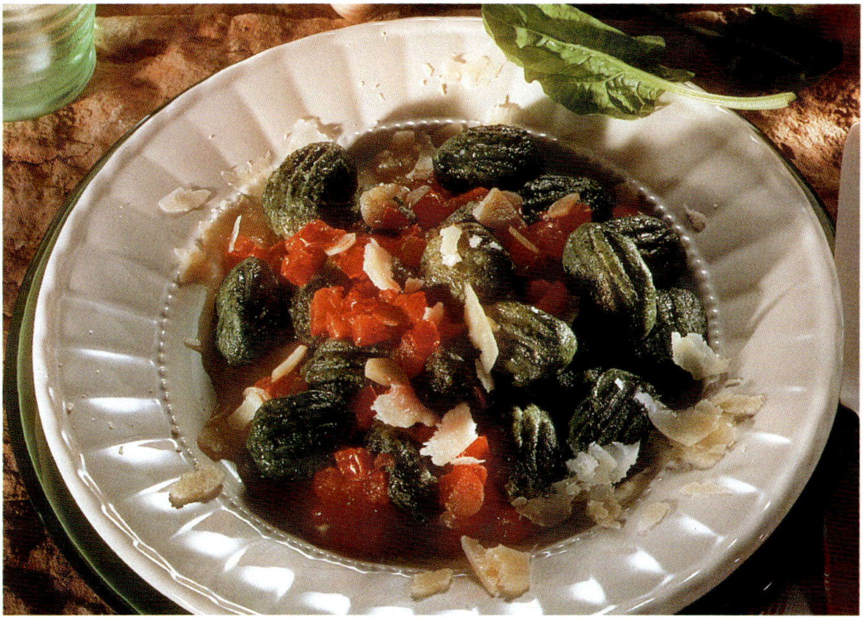

Gebackene Kohlrabischeiben mit Karotten-Käse-Kruste

▓ Zubereitungszeit: ca. 50 Min.

▓ ca. 580 kcal je Portion

▓ Dazu paßt gemischter Salat

> 2 Kohlrabi (à ca. 300 g)
> Salz, 750 g kleine Kartoffeln, 3 EL Butter
> 90 g Weizenmehl (Type 1050)
> $^1/_4$ l Milch, 3–4 EL gehackte Petersilie
> 3–4 EL Schnittlauchröllchen
> weißer Pfeffer aus der Mühle
> 1 TL Gemüsebrüheinstantpulver
> 250 g Karotten, 125 g mittelalter Gouda
> 2 frische Eier, 3–4 EL Sonnenblumenöl

1. Kohlrabi in 12 Scheiben schneiden und in kochendem Salzwasser 8 Minuten garen. Abgießen, das Gemüsewasser auffangen und $^1/_4$ Liter davon abmessen.

2. Die Kartoffeln in kochendem Salzwasser 20 Minuten garen. Dann schälen. Butter erhitzen und 3 Eßlöffel Mehl darin anschwitzen. Gemüsewasser und Milch zugießen, aufkochen und etwa 5 Minuten köcheln lassen. Die Kräuter bis auf 1 Eßlöffel in die Sauce einrühren. Mit Salz, Pfeffer und Gemüsebrühe würzen und warm stellen.

3. Die Karotten und den Käse grob reiben und in einer Schüssel miteinander vermischen. Eier aufschlagen, salzen und pfeffern. Restliches Mehl in einen tiefen Teller geben. Kohlrabischeiben zuerst in Mehl, dann in Ei und zuletzt im Karotten-Käse-Gemisch wenden (etwas andrücken).

4. Die Kohlrabischeiben im heißen Öl etwa 2 Minuten braten. Sie dann zusammen mit der Sauce und den Kartoffeln auf Tellern anrichten und mit den restlichen Kräutern bestreuen.

Sesampfannkuchen mit Champignontomaten

- Zubereitungszeit: ca. 1 Std.
- ca. 430 kcal je Portion
- Dazu paßt Blattsalat

$^1/_4$ l Milch
2 frische Eier
250 g Magerquark
Salz, 3 EL Butter oder Margarine
100 g Weizenmehl (Type 1050)
200 g frische Champignons
4 Tomaten
4 EL Himbeeressig
weißer Pfeffer aus der Mühle
1 Prise Zucker
8 EL Sonnenblumenöl
1 Bd. Kerbel
4 EL Sesamsamen

1. Milch, Eier, Quark, Salz und Fett mit den Quirlhaken eines Handrührgeräts schaumig schlagen. Dann das Mehl unterrühren und den Teig 10 Minuten quellen lassen.

2. Inzwischen die Champignons in sehr dünne Scheiben schneiden. Die Stielansätze der Tomaten herausschneiden und die Tomaten ebenfalls in sehr dünne Scheiben schneiden. Den Essig zusammen mit etwas Salz, Pfeffer und Zucker verrühren und 4 Eßlöffel Öl darunterschlagen. Einige Blättchen des Kerbel beiseite legen, die restlichen Blättchen grob hacken und unter die Sauce mischen.

3. Das restliche Öl und die Sesamsamen in einer Pfanne erhitzen und aus dem Teig 12 kleine Sesampfannkuchen backen. Je 3 Pfannkuchen und das Tomaten-Champignon-Carpaccio auf einem Teller anrichten und jeweils etwas Sauce darübergeben. Die Teller mit Kerbelblättchen garnieren und Pfeffer darüberstreuen. Die restliche Sauce dazu reichen.

Marinierter Tofu mit Paprikagemüse

- Zubereitungszeit: ca. $1/2$ Std.
- Zeit zum Marinieren: ca. 1 Std.
- ca. 270 kcal je Portion
- Dazu paßt Reiswein

Für die Marinade:
1 unbehandelte Limette
1 kleine rote Chilischote
$1/2$ TL grob geschrotete Pfefferkörner
3 EL Sojasauce

Für das Tofugemüse:
400 g Tofu (Sojabohnenquark)
je 1 kleine gelbe und grüne Paprikaschote, 2 kleine rote Paprikaschoten
1 Zwiebel, 6 EL Sojaöl
ca. 2 EL Weizenmehl, Salz

1. Limettenschale dünn abreiben und Limette auspressen. Chilischote fein würfeln. Limettensaft und -schale zusammen mit Chili, Pfeffer und Sojasauce verrühren. Tofu abtropfen lassen und in $1/2$ cm dicke und 2 cm breite Streifen schneiden. Tofustreifen mit der Marinade übergießen, abdecken und etwa 1 Stunde durchziehen lassen.

2. Paprikaschoten vierteln, entkernen und in Streifen schneiden. Zwiebel schälen und würfeln. 1 Eßlöffel Öl erhitzen und das Gemüse darin scharf anbraten.

3. Tofustreifen mit Küchenpapier trockentupfen. Marinade beiseite stellen. Mehl auf einen Teller sieben und die Tofustreifen darin wenden. Jeweils 1 bis 2 Eßlöffel Öl erhitzen. Die Tofustreifen portionsweise gelbbraun braten. Dann den ganzen Tofu in den Topf geben, die Marinade angießen und erhitzen. Die Paprika-Zwiebel-Mischung zum Tofu geben und das Ganze nochmals kurz köcheln lassen.

(auf dem Foto oben)

Bratreis mit Erbsen und Karotten

- Zubereitungszeit: ca. $3/4$ Std.
- ca. 390 kcal je Portion
- Dazu paßt Chinakohlsalat

Salz
150 g Langkornreis
1 unbehandelte Zitrone
2 Karotten, 1 Zwiebel
1 Knoblauchzehe
4 EL Öl
300 g aufgetaute TK-Erbsen
2 EL gehackte Mandeln
4 EL geriebener Käse
(z. B. Parmesan oder alter Gouda)
weißer Pfeffer aus der Mühle
Basilikum zum Garnieren

1. 300 ml leicht gesalzenes Wasser aufkochen lassen und den Reis hineingeben. Die Schale der Zitrone dünn abreiben und die Zitrone auspressen. Die Zitronenschale unter den Reis rühren und ihn 20 bis 25 Minuten bei mittlerer Hitze quellen lassen. Den Reis auf einem Sieb abtropfen lassen.

2. In der Zwischenzeit die Karotten in kleine Würfel schneiden. Die Zwiebel schälen und ebenfalls in kleine Würfel schneiden. Die Knoblauchzehe schälen und durch eine Presse drücken.

3. Das Öl in einem Wok erhitzen. Die Karotten, die Zwiebelwürfel und den Reis darin unter Rühren anbraten. Den Knoblauch und die Erbsen dazugeben und unter Rühren erhitzen. Die Mandeln und den Käse unter das Reisgericht mischen. Alles mit Salz, Pfeffer und etwas Zitronensaft abschmecken. Den Bratreis mit Basilikumblättchen garnieren.

(auf dem Foto unten)

ZEITINTENSIV · **FERNÖSTLICH**

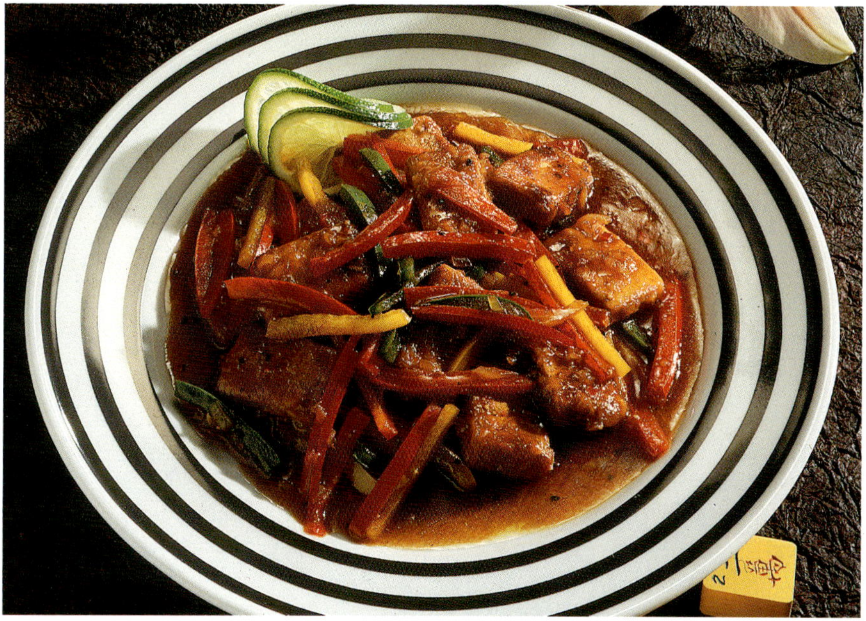

BRAUCHT ZEIT · **AROMATISCH**

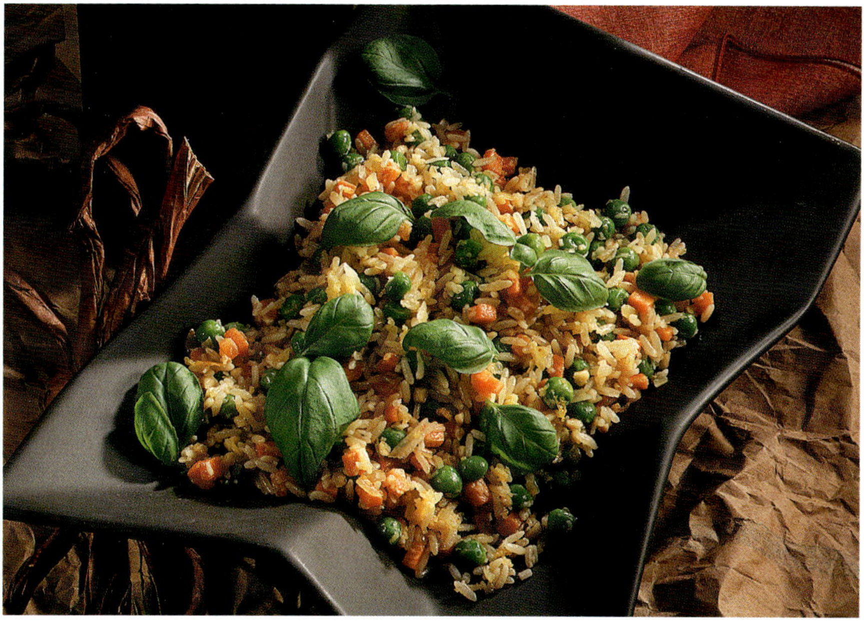

Wirsingrouladen mit Tofu

- Zubereitungszeit: ca. 1 1/2 Std.
- ca. 380 kcal je Portion
- Dazu paßt ein Glas Weißwein

2 mittelgroße Karotten
8 große Wirsingblätter
1 mittelgroße Zwiebel
4–5 EL Butter
100 g Hirsekörner
350 ml Gemüsebrühe
(aus Instantpulver)
Salz, schwarzer Pfeffer aus der Mühle
100 g fein gehackter Tofu
(Sojabohnenquark)
1 frisches Eigelb
etwas Kurkuma- oder Currypulver
100 g Sahne
2 EL Schnittlauchröllchen

1. Karotten quer halbieren. Wirsingblätter und Karotten kurz blanchieren. Zwiebel schälen und fein würfeln. Zwiebelwürfel in 2 Eßlöffeln zerlassener Butter andünsten, dann die Hirse einrühren. Drei Viertel der Gemüsebrühe angießen, salzen, pfeffern und das Ganze etwa 25 Minuten garen.

2. Hirsemasse mit Tofu, Eigelb und Kurkuma vermischen. Den Backofen auf 200 °C vorheizen. Hirsemasse in Häufchen auf jeweils 2 aufeinandergelegte Kohlblätter verteilen und je eine halbe Karotte hineinstecken. Die Blätter zu Rouladen aufrollen und mit Küchengarn umwickeln. Auflaufform ausfetten und die Rollen hineinlegen. Restliche Butter in Flöckchen daraufsetzen und restliche Gemüsebrühe angießen. Im Ofen etwa 20 Minuten garen.

3. Rouladen herausnehmen und warm stellen. Für die Sauce die Gemüsebrühe zusammen mit Sahne, Salz und Pfeffer aufkochen lassen. Schnittlauch hineingeben.

(auf dem Foto: oben)

Süßer Hirsepudding

- Zubereitungszeit: ca. 1 3/4 Std.
- ca. 500 kcal je Portion
- Dazu paßt Vanillesauce

200 g Hirsekörner
1 unbehandelte Zitrone
1/2 l Milch
Salz
3 frische Eier
150 g Sahne
1 Prise Naturvanille
3–4 EL Honig
50 g grob gehackte Nüsse
(z. B. Haselnüsse)
Fett für die Form

1. Die Hirsekörner auf einem Sieb unter fließendem Wasser waschen. Die Schale der Zitrone abreiben.

2. 200 ml Wasser zusammen mit der Milch in einem Topf zum Kochen bringen, die abgeriebene Zitronenschale, etwas Salz und die Hirse dazugeben, aufkochen und bei geringer Hitze etwa 25 Minuten ausquellen lassen.

3. Die Eier trennen. Sahne, Eigelb, Vanille und Honig in einer Schüssel schaumig rühren. Das Ganze mit der Hirse vermengen.

4. Die Nüsse in einer beschichteten Pfanne trocken anrösten und in die Hirsemasse einrühren. Die Eiweiße in einem hohen Gefäß mit den Quirlhaken eines Handrührgeräts zu Eischnee schlagen und locker unter die Masse heben.

5. Eine Puddingform ausfetten und die Hirsemasse einfüllen. Die Puddingform mit einem Deckel verschließen und den Pudding im Wasserbad etwa 1 Stunde garen.

(auf dem Foto: unten)

Grünkern mit Kohlhaube

- Zubereitungszeit: ca. 1 $1/4$ Std.
- Zeit zum Quellen: ca. $1/4$ Std.
- ca. 480 kcal je Portion
- Dazu paßt Blattsalat

1 große Zwiebel, 1 Karotte
2 EL Öl, 200 g Grünkernschrot
$1/2$ l Gemüsebrühe (aus Instantpulver)
600 g Blumenkohl, (geputzt gewogen)
300 g Brokkoli
Fett für die Form
3 Eigelb, 100 g saure Sahne
Salz, schwarzer Pfeffer aus der Mühle
etwas frisch geriebene Muskatnuß
3 Eiweiß, 2 EL Butter
3 EL Mandelblättchen

1. Zwiebel schälen. Zwiebel und Karotte fein würfeln. Die Zwiebel- und Karottenwürfel in heißem Öl anbraten. Grünkernschrot dazugeben, anbraten, dann die Gemüsebrühe angießen. Den Schrot zugedeckt $1/4$ Stunde ausquellen lassen. Blumenkohl in grobe Stücke zerteilen und zugedeckt $1/4$ Stunde dünsten. Brokkoli in Röschen zerteilen und zugedeckt 5 Minuten dünsten. Backofen auf 200 °C vorheizen, eine große Auflaufform ausfetten.

2. Blumenkohl und Brokkoliröschen abtropfen lassen. Blumenkohl pürieren, mit den Eigelben und der sauren Sahne verrühren und mit Salz, Pfeffer und Muskatnuß abschmecken. Eiweiße zu Eischnee schlagen und unter das Blumenkohlpüree heben.

3. Grünkernschrot in die Auflaufform umfüllen. Blumenkohlpüree darüber verteilen und Brokkoliröschen hineinsetzen. Butter in kleinen Stücken über den Brokkoli geben. Mit Mandelblättchen bestreuen. Den Auflauf im Ofen auf der untersten Einschubleiste 35 Minuten backen.

(auf dem Foto oben)

Karotten-Zucchini-Nudeln mit Nuß-Käse-Sauce

- Zubereitungszeit: ca. $1/2$ Std.
- ca. 480 kcal je Portion
- Dazu paßt ein Glas Orangensaft

300 g Nudeln
Salz, 1 Karotte
1 kleine Zucchini
1 EL Butter
3 EL gemahlene Haselnüsse
50 ml Gemüsebrühe (aus Instantpulver)
$1/2$ Orange
200 g schmelzfähiger Käse

1. Die Nudeln in etwa 1 Liter kochendem Salzwasser je nach Dicke 10 bis 15 Minuten garen. Die Karotte und die Zucchini in feine Streifen schneiden. 4 Minuten vor dem Ende der Garzeit der Nudeln die Karotten- und Zucchinistreifen zu den Nudeln geben.

2. In der Zwischenzeit die Butter in einer Pfanne erhitzen und die gemahlenen Nüsse darin anrösten. Das Ganze mit der Gemüsebrühe ablöschen. Die Orange auspressen und den Orangensaft zusammen mit dem Schmelzkäse in die Pfanne einrühren. Die Sauce etwas einköcheln lassen.

3. Die Nudeln mitsamt den Karotten- und Zucchinistreifen auf einem Sieb abgießen, auf Tellern anrichten und jeweils etwas Nuß-Käse-Sauce darübergießen.

(auf dem Foto unten)

Variation:

Zu den Karotten-Zucchini-Nudeln schmeckt auch eine Pilz-Käse-Sauce. Hierfür nehmen Sie anstelle der Haselnüsse einfach 200 g frische Champignons oder Pfifferlinge.

BRAUCHT ZEIT · **VOLLWERTIG**

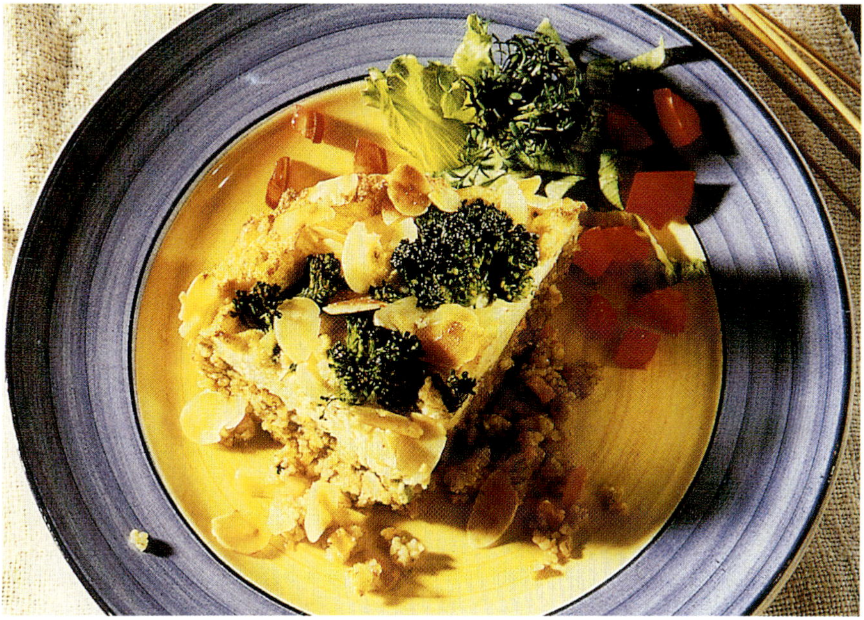

SCHNELL · **CREMIG**

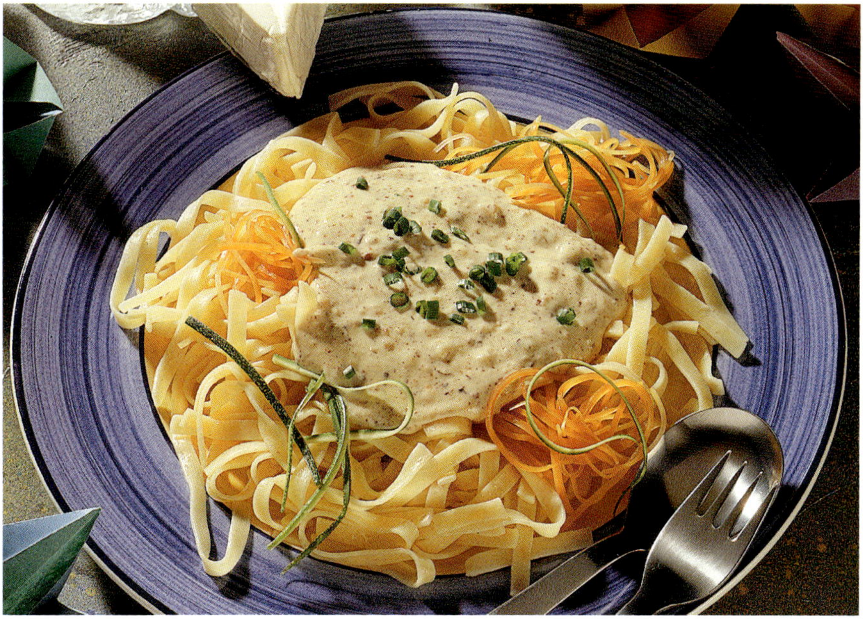

Buchweizenflan mit Wirsing-Tomaten-Gemüse

- Zubereitungszeit: ca. 1 Std.
- ca. 580 kcal je Portion
- Dazu paßt ein Glas Weißwein

> **200 g mittelalter Gouda**
> **4 frische Eier, 200 g Sahne**
> **4 EL Buchweizenmehl**
> **3 EL fein gehackte Petersilie**
> **Salz, weißer Pfeffer aus der Mühle**
> **Fett für die Förmchen, 1 Wirsingkohl**
> **2 EL Butter, 4 mittelgroße Tomaten**
> **$^1/_8$ l Steinpilzbrühe (aus Instantpulver)**
> **2 EL Sesamsamen**
> **Petersilie zum Garnieren**

1. Den Gouda fein reiben, die Eier trennen. Eigelbe, 6 Eßlöffel Sahne und 150 g Käse verrühren. Den Backofen auf 200 °C vorheizen. Eiweiße steifschlagen. Buchweizenmehl und Petersilie in die Eigelbmasse einrühren und das Ganze salzen und pfeffern. Den Eischnee unterheben.

2. Die Eimasse in 4 ausgefettete, feuerfeste Förmchen füllen und im Backofen 20 Minuten backen. Wirsing in breite Streifen schneiden, in heißer Butter 10 Minuten dünsten und mit Salz und Pfeffer abschmecken. Tomaten über Kreuz einritzen, kurz überbrühen, abschrecken und enthäuten. Sie dann halbieren, die Stielansätze herausschneiden, das Fruchtfleisch entkernen und in Spalten schneiden.

3. Brühe, restliche Sahne, Käse und Tomaten zum Wirsing geben und etwa 5 Minuten köcheln lassen. Nochmals mit Salz und Pfeffer abschmecken. Den Sesam in einer trockenen Pfanne goldgelb rösten.

4. Die Flans jeweils aus der Form stürzen. Sie dann zusammen mit dem Wirsinggemüse auf Tellern anrichten und jeweils mit Sesam Petersilie bestreuen.

Gemüsepfanne mit pochiertem Ei

- Zubereitungszeit ca. $^3/_4$ Std.
- ca. 420 kcal je Portion
- Dazu paßt Vollkorntoast

2 mittelgroße Zwiebeln
1 Knoblauchzehe
2 grüne Paprikaschoten
1 Aubergine, 2 Zucchini
4 mittelgroße Tomaten
4 EL Olivenöl
425 g Maiskörner (aus der Dose)
Salz, schwarzer Pfeffer aus der Mühle
3 EL Essigessenz 25%, 8 frische Eier
5–6 EL fein gehacktes Basilikum
Basilikum zum Garnieren

1. Die Zwiebeln und den Knoblauch schälen und fein würfeln. Die Paprikaschoten halbieren und entkernen. Paprika, Aubergine und Zucchini in Würfel schneiden. Die Tomaten halbieren, die Stielansätze herausschneiden und sie dann ebenfalls in Würfel schneiden.

2. Das Öl in einem Topf erhitzen und das Gemüse darin andünsten. Den Mais auf einem Sieb abtropfen lassen und in den Topf geben. Das Ganze bei geringer Hitze etwa 10 Minuten dünsten. Das Gemüse mit Salz und Pfeffer abschmecken.

3. 1 Liter Wasser in einem großen Topf erhitzen; die Essigessenz und 1 Teelöffel Salz hinzufügen. Jeweils 4 Eier einzeln in einer Schaumkelle aufschlagen und vorsichtig in das siedende Wasser gleiten lassen. Die Eier $3^1/_2$ bis 5 Minuten ziehen lassen, sie dann vorsichtig mit der Schaumkelle wieder aus dem Topf nehmen und abtropfen lassen.

4. Das Gemüse auf Tellern anrichten. Jeweils 2 Eier daraufsetzen, mit gehacktem Basilikum bestreuen und alles mit den Basilikumblättchen garnieren.

Karotten-Eier-Rolle

- Zubereitungszeit: ca. $1^1/_2$ Std.
- ca. 580 kcal je Portion
- Dazu paßt grüner Salat

375 g Karotten
5 frische Eier
100 g Weizenvollkornmehl
Salz, schwarzer Pfeffer aus der Mühle
150 g geriebener Gouda
2 mittelgroße Zucchini
1 mittelgroße Zwiebel
1 EL Butter
500 g Tomaten
jeweils 3 EL Petersilie, Schnittlauch
und Basilikum
$^1/_2$ TL edelsüßes Paprikapulver
1 Msp. Cayennepfeffer

1. Den Backofen auf 200 °C vorheizen. Karotten grob raspeln, Eier trennen. Eiweiße steifschlagen und Eigelbe unterheben. Mehl mit der Hälfte der Karottenraspeln vermischen, die Eimasse vorsichtig unterheben, salzen und pfeffern. Masse auf einem mit Backpapier belegten Blech verstreichen und 20 Minuten backen. Sofort auf ein feuchtes Geschirrtuch stürzen, Papier abziehen.

2. Zucchini grob raspeln. Restliche Karotten mit Zucchiniraspeln und Käse vermengen, salzen und pfeffern. Teigrolle auseinanderrollen und Gemüsemischung daraufstreichen. Teig wieder aufrollen und im Backofen nochmals etwa 20 Minuten backen.

3. Zwiebel schälen, würfeln und in der Butter glasig dünsten. Stielansatz der Tomaten herausschneiden. Sie würfeln, zu den Zwiebeln geben und 10 Minuten garen. Kräuter zur Tomatensauce geben. Mit Salz, Pfeffer, Paprikapulver und Cayennepfeffer abschmecken. Zusammen mit der Karotten-Eier-Rolle servieren.

(auf dem Foto oben)

Käse-Pilz-Brot

- Zubereitungszeit: ca. 1 Std.
- ca. 880 kcal je Portion
- Dazu paßt gemischter Salat

Butter für die Form
1 Kastenweißbrot
300 g Gruyère (am Stück)
150 g Shiitakepilze
(ersatzweise Champignons)
1 Bd. Schnittlauch
1 Bd. Petersilie
1 Bd. Basilikum
4 frische Eier
200 g Sahne
Salz
schwarzer Pfeffer aus der Mühle

1. Den Backofen auf 225 °C vorheizen. Eine Kastenbackform oder eine längliche Gratinform gründlich mit Butter ausfetten.

2. Das Kastenweißbrot von oben mehrfach einschneiden, als ob Scheiben abgeschnitten werden sollen. Dabei aber nicht ganz durchschneiden. Das Brot in die Form setzen.

3. Den Gruyère in dünne Scheiben schneiden. Die Pilze ebenfalls in dünne Scheiben schneiden. Die Käse- und Pilzscheiben in die Broteinschnitte stecken.

4. Die Kräuter fein hacken. Sie zusammen mit den Eiern und der Sahne in einer Schüssel verquirlen und das Ganze mit Salz und Pfeffer würzen. Diesen Kräuterguß mit einer Schöpfkelle über das Brot verteilen.

5. Die Form auf der zweiten Einschubleiste von unten in den Ofen schieben und das Brot etwa 25 Minuten backen.

(auf dem Foto unten)

BRAUCHT ZEIT · RAFFINIERT

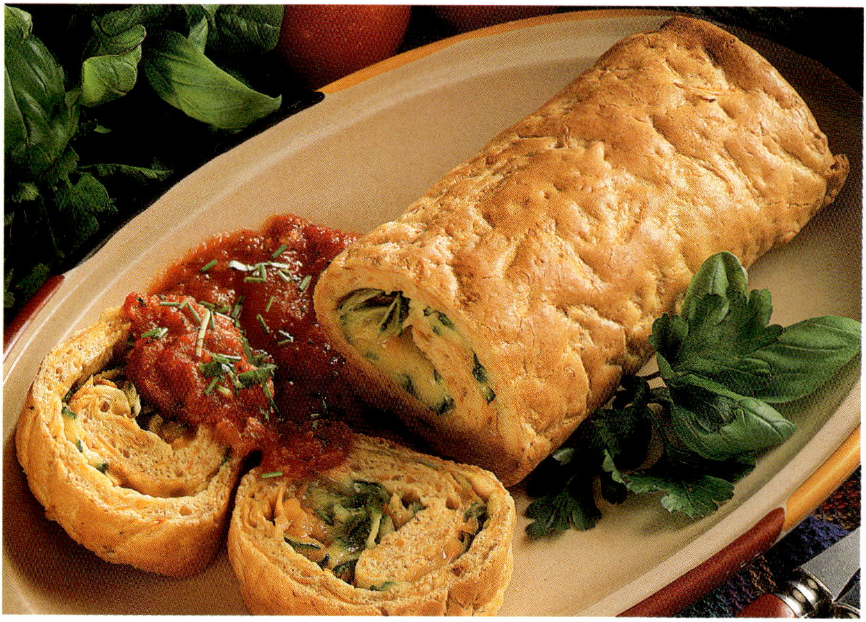

BRAUCHT ZEIT · FEIN

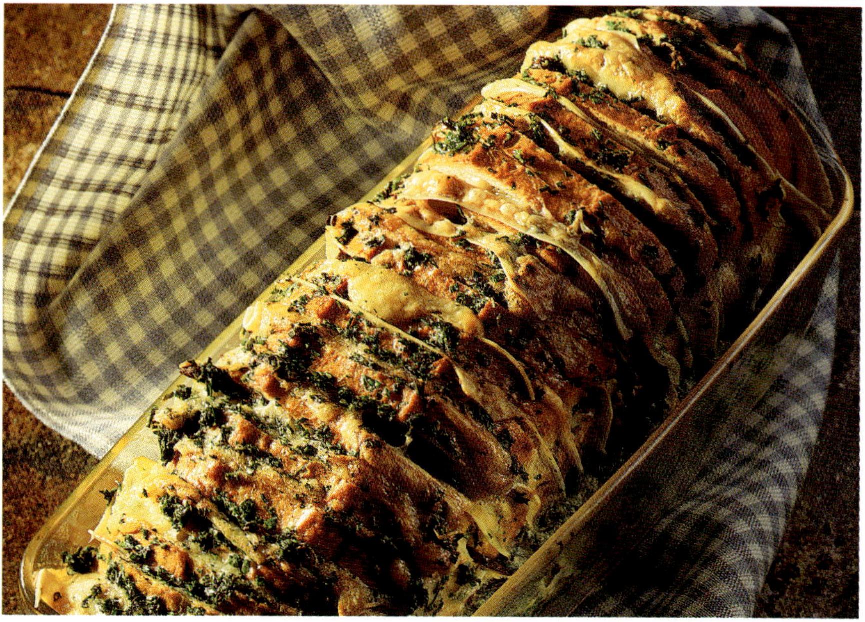

Spaghetti mit Kürbissauce

- Zubereitungszeit: ca. $^3/_4$ Std.
- ca. 300 kcal je Portion
- Dazu paßt grüner Salat

**600 g Kürbis
1 Schalotte
2 Knoblauchzehen
130 g Butter
4 EL trockener Weißwein
4 EL Sahne
Salz, 400 g Spaghetti
1 Msp. Cayennepfeffer
3 EL fein gehacktes Basilikum
3 EL fein gehackter Kerbel**

1. Kürbis schälen, entkernen und würfeln. Schalotte und Knoblauch schälen und fein hacken. Schalotten- und Knoblauchwürfel in Butter andünsten. Kürbiswürfel dazugeben und unter Rühren 3 Minuten dünsten.

2. Wein und Sahne angießen, salzen und den Kürbis zugedeckt 25 Minuten kochen. Spaghetti in 8 bis 11 Minuten bißfest garen.

3. Kürbissauce fein pürieren, mit Cayennepfeffer abschmecken und Kräuter darunterrühren. Nudeln gut abtropfen lassen. Die Sauce mit den Spaghetti mischen.

Spaghetti mit Pesto

- Zubereitungsazeit: ca. $^1/_2$ Std.
- ca. 420 kcal je Portion
- Dazu paßt italienischer Weißwein

**2 Bd. Basilikum
2 EL Pinienkerne
3 Knoblauchzehen
Salz
2$^1/_2$ EL frisch geriebener Parmesan
2$^1/_2$ EL frisch geriebener Pecorino
(ital. Hartkäse aus Schafsmilch)
$^1/_8$ l kaltgepreßtes Olivenöl
400 g Spaghetti
1 EL Butter**

1. Basilikum in feine Streifen schneiden. Pinienkerne in einer Pfanne trocken anrösten. Knoblauch schälen und würfeln. Basilikum, Pinienkerne, Knoblauch und etwas Salz mit einem Pürierstab fein pürieren.

2. Nach und nach den Käse und das Olivenöl zur Basilikummischung geben. Dabei so lange rühren, bis der Pesto cremig ist.

3. Spaghetti in 8 bis 11 Minuten bißfest garen, dann abtropfen lassen. Nudeln in zerlassener Butter schwenken und anrichten. Den Pesto über die Spaghetti geben.

Spaghetti mit Tomaten-Pilz-Sauce

- Zubereitungszeit: ca. $^1/_2$ Std.
- ca. 270 kcal je Portion
- Dazu paßt ein gemischter Salat

---

250 g kleine Champignons
1 Zwiebel, 3 EL Butter
5–6 EL gehackte Petersilie
500 g Tomatenstücke (aus der Dose)
Salz, schwarzer Pfeffer aus der Mühle
1 Prise Zucker
400 g Spaghetti
3 EL frisch geriebener Parmesan

---

1. Champignons in feine Scheiben schneiden. Zwiebel schälen und würfeln. Zwiebelwürfel, Champignons und Petersilie in 1$^1/_2$ Eßlöffeln zerlassener Butter 5 Minuten andünsten.

2. Tomatenstücke zu den Champignons geben, das Ganze salzen, pfeffern und zuckern. Die Sauce $^1/_4$ Stunde zugedeckt köcheln lassen.

3. Inzwischen die Spaghetti in 10 bis 12 Minuten bißfest garen, dann abgießen. Nudeln in der restlichen Butter schwenken, mit der Sauce vermischen und vor dem Servieren mit Parmesan bestreuen.

Spaghetti mit Walnußsauce

- Zubereitungszeit: ca. $^1/_2$ Std.
- ca. 480 kcal je Portion
- Dazu paßt ein Glas Weißwein

Salz, 400 g Spaghetti
120 g Walnußkerne
1 Knoblauchzehe
4 EL gewürfeltes Weißbrot ohne Rinde
4–5 EL Milch
4 EL kaltgepreßtes Olivenöl
4 EL Dickmilch
weißer Pfeffer aus der Mühle

---

1. Spaghetti in 8 Minuten bißfest garen. Inzwischen 100 g Walnußkerne überbrühen, enthäuten und hacken. Knoblauch schälen und würfeln. Weißbrotwürfel kurz in Milch einweichen, dann gut ausdrücken.

2. Nußkerne und Brotwürfel zusammen mit etwas Salz und Knoblauch in einer Schüssel zu einer geschmeidigen Masse zerstoßen. Öl sowie Dickmilch eßlöffelweise darunterrühren, alles salzen und pfeffern.

3. Spaghetti auf Tellern mit der Nußsauce begießen und mit Walnußkernen garnieren.

Reispuffer mit Ratatouille

- Zubereitungszeit: ca. $^3/_4$ Std.
- ca. 560 kcal je Portion
- Dazu paßt ein Glas Rotwein

Für die Puffer:
200 g Vollkorn- bzw. Naturreis, Salz
3 frische Eier, 50 g Weizenmehl
150 g Frischkäsezubereitung
mit Kräutern (z. B. Bresso)
Butterschmalz zum Braten

Für das Ratatouille:
1 Zwiebel, 2 Knoblauchzehen
je eine rote und grüne Paprikaschote
1 kleine Aubergine, 200 g Zucchini
300 g Fleisch- oder Eiertomaten
4 EL Olivenöl
$^1/_2$ TL getrockneter Rosmarin
$^1/_2$ TL getrockneter Oregano
Salz, schwarzer Pfeffer aus der Mühle

1. Reis in kochendem Salzwasser in etwa 25 Minuten garkochen, etwas abkühlen lassen. Ihn dann mit Eiern, Mehl und Frischkäse vermischen. Mit Hilfe von 2 Eßlöffeln aus der Masse Puffer formen. Butterschmalz erhitzen und die Puffer beidseitig knusprig braten.

2. Zwiebel und Knoblauch schälen. Zwiebel in dünne Ringe schneiden, Knoblauch fein hacken. Paprikaschoten entkernen und würfeln. Aubergine und Zucchini längs halbieren und in Scheiben schneiden. Tomaten über Kreuz einritzen, überbrühen, abschrecken und enthäuten. Sie dann halbieren, die Stielansätze herausschneiden, das Fruchtfleisch entkernen und würfeln.

3. Zwiebeln und Knoblauch in heißem Öl in einem Bräter andünsten. Dann Paprikawürfel dazugeben und andünsten. Auberginen ein-

rühren und 5 Minuten garen. Kräuter, Zucchini und Tomatenwürfel zugeben und 10 Minuten mitgaren. Salzen und pfeffern und zusammen mit den Reispuffern servieren.
(auf dem Foto oben)

Getreidepuffer

- Zubereitungszeit: ca. 50 Min.
- ca. 130 kcal je Portion
- Dazu paßt Apfelmus

150 g 7-Korn-Flocken
400 ml Apfelsaft
60 g geriebene Haselnüsse
2 EL Honig, $^1/_2$ TL Zimtpulver
3 frische Eier
50 g Butterschmalz

1. Die Flocken in einen Topf geben und mit Apfelsaft, Haselnüssen, Honig und Zimt verrühren. Die Masse kurz aufkochen lassen, dann die Hitzezufuhr reduzieren und das Ganze etwa $^1/_2$ Stunde quellen lassen.

2. Die Eier in einer Schüssel schaumig schlagen und die Flockenmasse darunterrühren.

3. Aus der Masse Puffer formen. Das Butterschmalz portionsweise in einer beschichteten Pfanne erhitzen und bei mittlerer Hitze die Puffer von beiden Seiten jeweils in 2 Minuten knusprig braun braten.
(auf dem Foto unten)

Tip:
7-Korn-Flocken erhalten Sie in Reformhäusern und Bioläden.

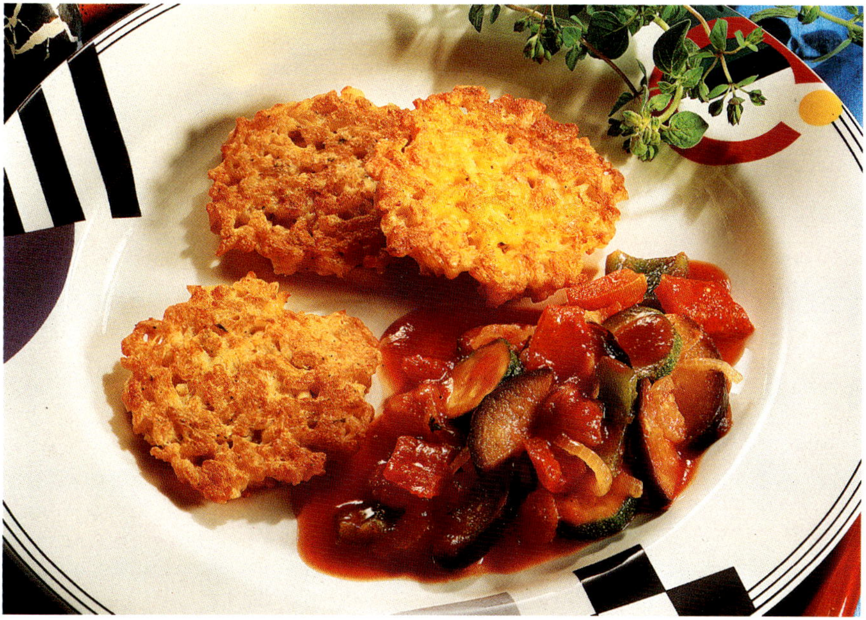

BRAUCHT ZEIT · VOLLWERTIG

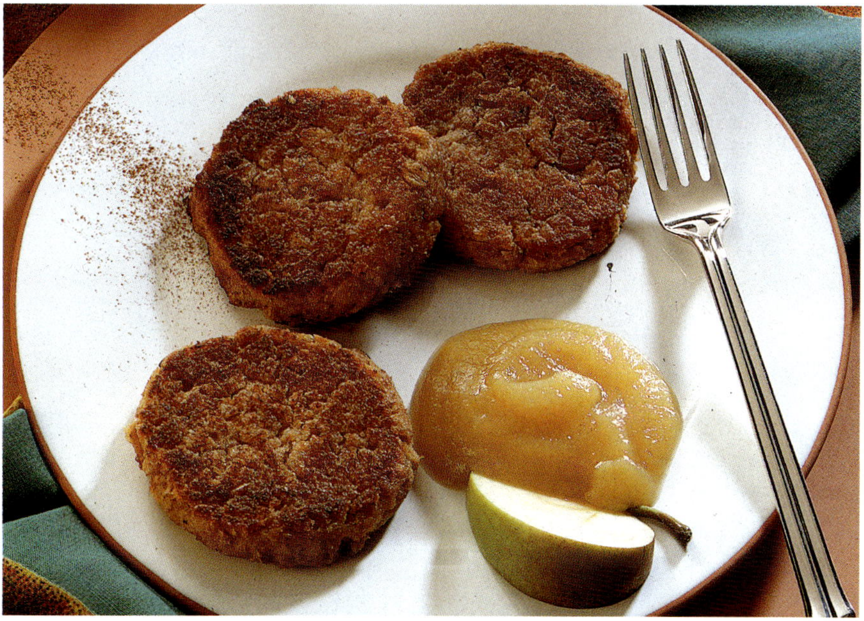

Crêpes mit Champignons und Gemüseperlen

▨ Zubereitungszeit: ca. $^3/_4$ Std.

▨ ca. 310 kcal je Portion

▨ Dazu paßt Kräuter-Crème-fraîche

Für die Crêpes:
1 frisches Ei
1 frisches Eigelb
Salz, 120 ml Milch
100 g Weizenmehl

Für die Füllung:
150 g frische Champignons
1 Zucchini, 1 Kohlrabi
1 Karotte, 1 Zwiebel
60 g Butter, Salz
weißer Pfeffer aus der Mühle
1 Bd. Kerbel
Butter zum Backen

1. Die Zutaten für den Crêpesteig in einer Schüssel kräftig verrühren und den Teig $^1/_2$ Stunde quellen lassen.

2. In der Zwischenzeit die Champignons in dünne Scheiben schneiden. Mit einem Kugelausstecher von der Zucchini, dem Kohlrabi und der Karotte kleine Kugeln ausstechen. Die Zwiebel schälen und fein würfeln.

3. Die Butter in einem Topf erhitzen und die Zwiebelwürfel darin glasig dünsten. Champignonscheiben, Karotten- und Kohlrabiperlen in den Topf geben und 5 Minuten andünsten. Das Gemüse mit Salz und Pfeffer würzen. Den Kerbel fein hacken und zu dem Gemüse geben.

4. In einer beschichteten Pfanne mit wenig Butter dünne, goldbraune Crêpes backen. Sie danach auf Tellern anrichten, die Gemüsefüllung darauf verteilen und die Crêpes jeweils zur Hälfte über die Füllung schlagen.

Omelett mit Spinat und Edelpilzkäsesauce

- Zubereitungszeit: ca. 40 Min.
- ca. 590 kcal je Portion
- Dazu paßt ein Glas Orangensaft

200 g Edelpilzkäse
(z. B. Roquefort)
120 g Sahne
$^1/_8$ l Portwein
8 Eier
2 EL Milch
Salz
weißer Pfeffer aus der Mühle
120 g Butterschmalz
200 g frischer Spinat
etwas frisch geriebene Muskatnuß

1. Für die Käsesauce den Edelpilzkäse mit einer Gabel fein zerdrücken und mit der Sahne und dem Portwein verrühren.

2. Für die Omeletts die Eier in eine Schüssel aufschlagen und mit einer Gabel verquirlen. Die Milch hinzufügen und das Ganze mit Salz und Pfeffer würzen. Jeweils 2 Eßlöffel Butterschmalz in einer beschichteten Pfanne erhitzen, den Teig portionsweise mit einer Schöpfkelle hineingeben und 4 Omeletts ausbacken. Diese auf 4 vorgewärmten Tellern anrichten.

3. 4 EL Butterschmalz in einer zweiten Pfanne erhitzen, den Spinat hineingeben und 2 bis 3 Minuten dünsten, bis er zusammenfällt. Den Spinat mit Salz, Pfeffer und Muskatnuß abschmecken.

4. Den Spinat und die Edelpilzkäsesauce zusammen mit den Omelettes auf den Tellern anrichten.

Champignontofu auf Blattspinat

- Zubereitungszeit: ca. $1/2$ Std.
- Zeit zum Durchziehen: ca. 2 Std.
- ca. 220 kcal je Portion
- Dazu passen Vollkornbrötchen

> 250 g Tofu (Sojabohnenquark)
> 3 Knoblauchzehen
> 3 EL trockener Sherry
> 5 EL Sojaöl, Salz
> schwarzer Pfeffer aus der Mühle
> 1 Msp. Cayennepfeffer
> 1 TL getrockneter Thymian
> 2 Schalotten
> 100 g frische Champignons
> 150 g Blattspinat
> Saft von 1 Zitrone
> 5–6 EL Schnittlauchröllchen

1. Tofu in 1 cm große Würfel schneiden und in eine Schüssel legen. Knoblauch schälen und durch eine Presse über den Tofu drücken. Sherry und 2 Eßlöffel Sojaöl über den Tofu gießen und mit Salz, Pfeffer, Cayennepfeffer und Thymian würzen. Das Ganze vermischen und zugedeckt 2 Stunden im Kühlschrank durchziehen lassen.

2. Schalotten schälen und sehr fein hacken. Tofuwürfel aus der Marinade nehmen. Champignons in dünne Scheiben schneiden. Die Champignonscheiben zusammen mit den Tofuwürfeln im restlichen Sojaöl goldbraun braten. Das Ganze salzen und pfeffern.

3. Zitronensaft, etwas Salz und Pfeffer in die Tofumarinade einrühren. Blattspinat zusammen mit der Schalotte in der Marinade wenden und auf Tellern verteilen. Die Pilz-Tofu-Mischung auf dem Spinat anrichten und die restliche Marinade darübergießen. Mit Schnittlauchröllchen bestreuen.

(auf dem Foto oben)

Hirseklößchen auf Tomaten-Lauch-Gemüse

- Zubereitungszeit: ca. $3/4$ Std.
- ca. 430 kcal je Portion
- Dazu paßt ein Glas Mineralwasser

> 200 g Hirse
> $1/4$ l Gemüsebrühe (aus Instantpulver)
> 1 Bd. Schnittlauch, 1 Bd. Petersilie
> 100 g Doppelrahmfrischkäse
> 1 frisches Ei, 1 TL Kurkumapulver
> Salz, schwarzer Pfeffer aus der Mühle
> 1 Msp. Cayennepfeffer
> 250 g Frühlingszwiebeln
> 500 g Tomaten
> 1 EL Butter
> 500 g Tomatenstücke (aus der Dose)
> 1 TL Gemüsebrüheinstantpulver
> 1 TL Zucker, 2 EL Öl

1. Hirse in Gemüsebrühe aufkochen und zugedeckt etwa 20 Minuten ausquellen lassen. Die Hirse etwas abkühlen lassen.

2. Schnittlauch in Röllchen schneiden und Petersilie fein hacken. Die Hälfte der Kräuter, den Frischkäse und das Ei mit der Hirse vermengen. Die Hirsemasse mit Kurkuma, Salz, Pfeffer und Cayennepfeffer würzen.

3. Frühlingszwiebeln in Ringe schneiden. Tomaten halbieren, die Stielansätze herausschneiden und die Tomaten in Spalten schneiden. Das Gemüse in der Butter andünsten. Die Tomaten dazugeben und etwa 5 Minuten mitdünsten. Das Ganze mit Gemüsebrühe, Salz, Pfeffer, Zucker und den restlichen gehackten Kräutern abschmecken.

4. Aus der Hirsemasse etwa 20 Klößchen formen und diese in einer Pfanne mit heißem Öl rundherum goldgelb braten. Die Hirseklößchen zusammen mit dem Tomaten-Lauch-Gemüse auf Tellern anrichten.

(auf dem Foto unten)

ZEITINTENSIV · **HERZHAFT**

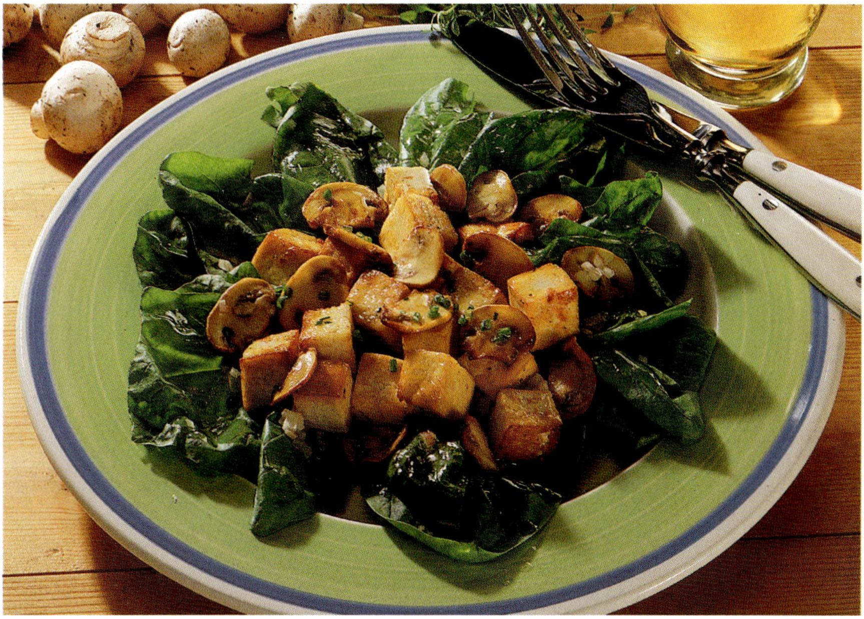

BRAUCHT ZEIT · **AUSGEFALLEN**

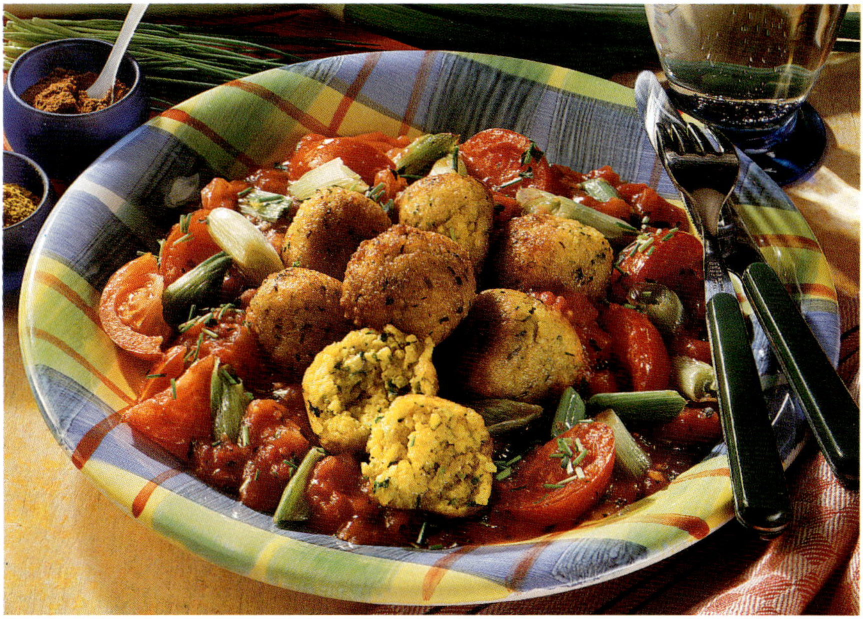

Überbackener Fenchel

▦ Zubereitungszeit: ca. 1¹/₂ Std.

▦ ca. 330 kcal je Portion

▦ Dazu paßt Stangenweißbrot

> **4 mittelgroße Fenchelknollen, Salz**
> **Saft und abgeriebene Schale von**
> **1 unbehandelten Zitrone**
> **500 g reife Tomaten**
> **2 EL Olivenöl für die Form**
> **schwarzer Pfeffer aus der Mühle**
> **1 Zwiebel, 2 Knoblauchzehen**
> **4 EL Olivenöl, 4 EL Semmelbrösel**
> **5–6 EL fein gehackte Petersilie**
> **3 El geriebener Pecorino (ital. Hartkäse)**

1. Fenchelknollen längs halbieren, Fenchelgrün beiseite legen. Salzwasser zusammen mit Saft und Schale der Zitrone aufkochen lassen. Die Fenchelhälften hineinlegen und etwa 20 Minuten zugedeckt garen.

2. Tomaten über Kreuz einritzen, kurz überbrühen, abschrecken und enthäuten. Sie dann vierteln, die Stielansätze herausschneiden, das Fruchtfleisch entkernen und würfeln. Den Backofen auf 200 °C vorheizen.

3. Eine Auflaufform mit 2 Eßlöffeln Olivenöl auspinseln. Die Tomatenstücke hineingeben. Die gegarten Fenchelhälften aus der Brühe nehmen (diese aufbewahren) und in die Form legen. Das Ganze mit ¹/₈ Liter Fenchelbrühe begießen und mit Salz und Pfeffer würzen.

4. Zwiebel und Knoblauch schälen und fein hacken. Olivenöl in einer Pfanne erhitzen und Zwiebel und Knoblauch darin andünsten. Die Semmelbrösel darunterrühren und goldbraun rösten. Die Pfanne vom Herd nehmen. Die Petersilie und den Käse unter die Brösel mischen.

5. Bröselmischung auf Fenchelhälften streuen und alles im Backofen auf der mittleren Schiene etwa 20 Minuten überbacken. Fenchelgrün hacken und darüberstreuen.

Auberginenauflauf

▨ Zubereitungszeit: ca. 2¹/₄ Std.

▨ ca. 640 kcal je Portion

▨ Dazu paßt Fladenbrot

Für die Sauce:
1 kg reife Tomaten, 2 Knoblauchzehen
5–6 EL in Streifen geschnittenes
Basilikum, Salz
schwarzer Pfeffer aus der Mühle

Für die Auberginen:
1 kg Auberginen, 9 EL Olivenöl
300 g Mozzarella, 2 hartgekochte Eier
1 EL Olivenöl für die Form
100 g frisch geriebener Parmesan

1. Tomaten über Kreuz einritzen, kurz überbrühen, abschrecken und enthäuten. Stielansätze herausschneiden, Fruchtfleisch entkernen, würfeln und in einem Topf erhitzen.

2. Knoblauch schälen, durch eine Presse drücken und zusammen mit einem Drittel der Basilikumstreifen unterrühren. Die Sauce sämig einkochen lassen und abschmecken.

3. Die Auberginen längs in ¹/₂ cm dicke Scheiben schneiden. Das Olivenöl in einer Pfanne erhitzen, die Auberginenscheiben portionsweise hineingeben und anbraten. Auf Küchenkrepp abtropfen lassen. Den Backofen auf 175 °C vorheizen. Mozzarella und Eier in Scheiben schneiden. Eine Auflaufform mit Olivenöl auspinseln.

4. 2 Eßlöffel Parmesan beiseite stellen. Die Auberginen-, Eier- und Mozzarellascheiben fächerartig in die Form legen. Zwischen die einzelnen Stücke etwas Tomatensauce und Parmesan geben. Abschließend restliche Sauce und Basilikum darüber verteilen.

5. Den Auflauf im Ofen auf der mittleren Einschubleiste etwa 40 Minuten backen. Mit restlichem Parmesan bestreuen.

59

Gefüllter Blumenkohl

■ Zubereitungszeit: ca. 1³/₄ Std.

■ ca. 120 kcal je Portion

■ Dazu paßt Kartoffelpüree

1 Stange Staudensellerie
3 Schalotten
2 Knoblauchzehen
1 kg Fleischtomaten
3 EL Butter
Salz
1 Prise Zucker
1 Spritzer Worcestershiresauce
1 TL fein gehackter Thymian
1 TL fein gehackter Rosmarin
5–6 EL fein gehacktes Basilikum
3 EL geriebener Parmesan
750 g Blumenkohl (1 Kopf)
Fett für die Folie

1. Den Sellerie in feine Scheiben schneiden. Schalotten und Knoblauch schälen und fein würfeln. Tomaten über Kreuz einritzen, kurz überbrühen, abschrecken und enthäuten. Sie dann vierteln, die Stielansätze herausschneiden, das Fruchtfleisch entkernen und würfeln.

2. Schalotten- und Knoblauchwürfel in der Butter glasig dünsten. Tomaten- und Selleriewürfel dazugeben und das Ganze so lange köcheln lassen, bis die Sauce dickflüssig ist. Mit Salz, Zucker und Worcestershiresauce abschmecken und die Kräuter unterrühren. Den Backofen auf 180 °C vorheizen.

3. Die Hälfte der Tomatensauce mit dem Parmesan verrühren. Tomaten-Käse-Masse zwischen die Blumenkohlröschen drücken. Alufolie fetten, den Blumenkohl darauflegen und die Folie verschließen. Den Blumenkohl im Backofen 50 bis 60 Minuten garen.

(auf dem Foto oben)

Gefüllte Tomaten

■ Zubereitungszeit: ca. 10 Min.

■ ca. 340 kcal je Portion

■ Dazu paßt Vollkorntoastbrot

12 Tomaten
4 EL kernige Haferflocken
6–8 EL Vollkornbrotwürfel
10–12 EL Käsewürfel
(z. B. Gouda oder Edamer)
4 TL flüssiger Honig

1. Den Backofen auf 200 °C vorheizen. Die Tomaten am Stielansatz flach abschneiden, halbieren und das Fruchtfleisch entkernen.

2. Alle anderen Zutaten in eine Schüssel geben und miteinander vermengen. Die Mischung in die Tomaten füllen und alles etwa 5 Minuten im vorgeheizten Backofen überbacken.

(auf dem Foto unten)

Tip:
Statt im Backofen können Sie die gefüllten Tomaten auch im Tischgrill überbacken; die Garzeit verlängert sich hierbei um einige Minuten.

Variation:
Falls von einem anderen Menü ein paar Eßlöffel Reis übrig geblieben sind, können Sie diesen anstelle der Brotwürfel und der Haferflocken verwenden.

ZEITINTENSIV · RAFFINIERT

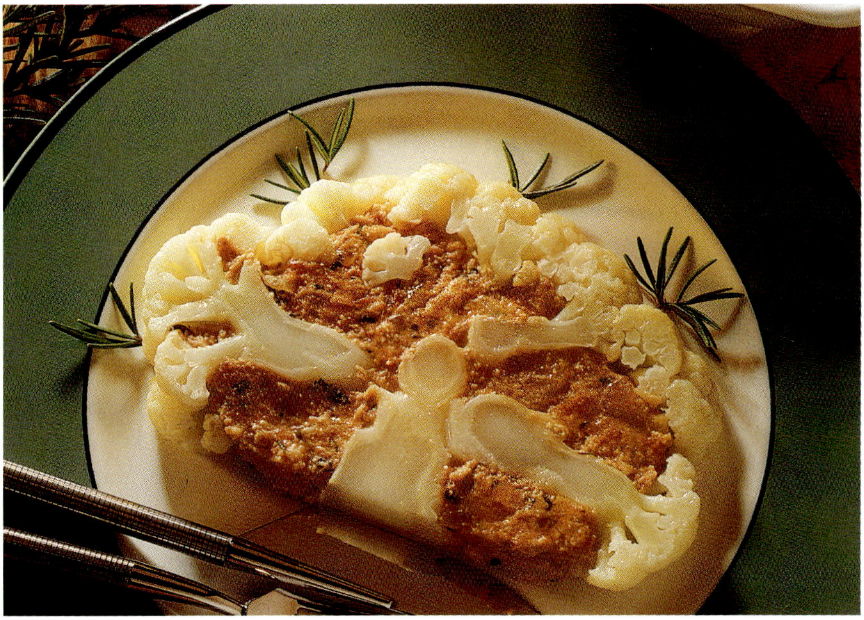

SCHNELL · VOLLWERTIG

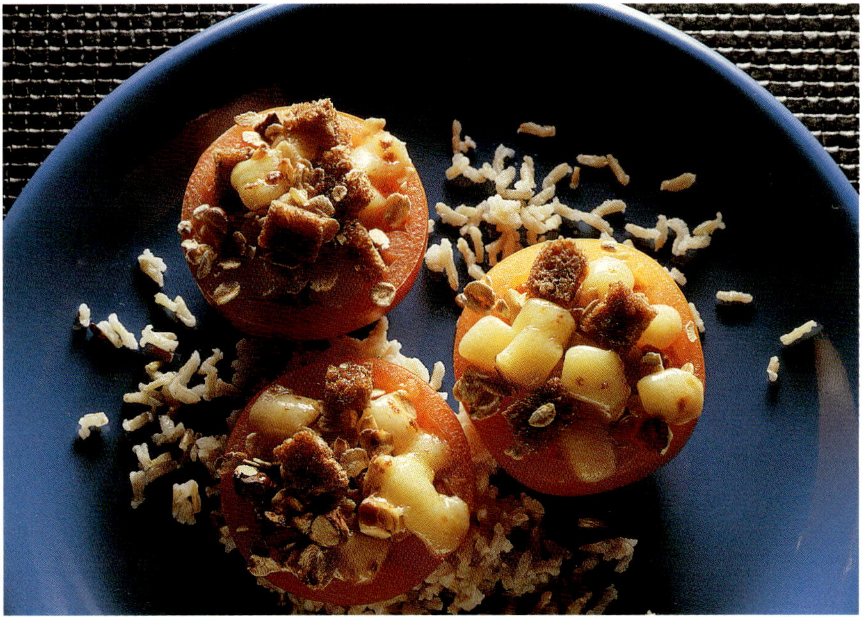

Grünkern-Zucchini-Braten auf Karottengemüse

- Zubereitungszeit: ca. 1$^1/_2$ Std.
- ca. 730 kcal je Portion
- Dazu paßt Kopfsalat

2 Zwiebeln, 250 g Zucchini
50 g Butter, 250 g Grünkernschrot
$^3/_4$ l Gemüsebrühe (aus Instantpulver)
100 g geriebener Gouda
5 frische Eier, 125 g Mandelblättchen
100 g Vollkornpaniermehl
Salz, schwarzer Pfeffer aus der Mühle
Fett für das Backblech
1 kg Karotten, 500 g Dickmilch
5 EL gehackte, gemischte Kräuter
2 EL Sonnenblumenkerne

1. Die Zwiebeln schälen und würfeln. Die Zucchini würfeln. 1 Eßlöffel Butter erhitzen und die Zwiebel- und Zucchiniwürfel darin andünsten.

Grünkernschrot zugeben. Das Ganze mit der Brühe ablöschen und etwa 20 Minuten zugedeckt bei schwacher Hitze quellen lassen.

2. Ofen auf 175 °C vorheizen. Käse, 3 Eier, 100 g Mandelblättchen und Paniermehl mit der Grünkernmasse vermischen. Die Masse zu einem glatten Teig verkneten, salzen, pfeffern und zu einem länglichen Laib formen. Auf ein gefettetes Backblech setzen und mit den übrigen Mandelblättchen bestreuen. Etwa $^3/_4$ Stunden backen.

3. Restliche Eier hart kochen. Karotten in Scheiben schneiden, in Salzwasser etwa 12 Minuten garen, dann gut abtropfen lassen. Dickmilch und Kräuter verrühren. Eier pellen, fein hacken, zur Sauce geben und diese mit Salz und Pfeffer abschmecken.

4. In einer Pfanne die Sonnenblumenkerne im restlichen Fett kurz anrösten, die Karotten zugeben und kurz in der Pfanne schwenken. Alles zusammen servieren.

Rezeptverzeichnis

Dieses Buch gehört zu einer Kochbuchreihe, die die beliebtesten Themen aus dem Bereich Essen und Trinken aufgreift. Sie erhalten die Titel überall dort, wo es Bücher gibt.

Sie finden uns im Internet: **www.falken.de**

Bei diesem Buch handelt es sich um eine überarbeitete Ausgabe des bereits unter dem Titel „Vegetarische Gerichte" (Nr. 1729) erschienenen Buches.

Dieses Buch wurde auf chlorfrei gebleichtem und säurefreiem Papier gedruckt.

ISBN 3 8068 1977 7

© 1998/1999 by FALKEN Verlag, 65527 Niedernhausen/Ts.
Die Verwertung der Texte und Bilder, auch auszugsweise, ist ohne Zustimmung des Verlags urheberrechtswidrig und strafbar. Dies gilt auch für Vervielfältigungen, Übersetzungen, Mikroverfilmung und für die Verarbeitung mit elektronischen Systemen.

Umschlaggestaltung: Peter Udo Pinzer
Gestaltungskonzeption: Christa Johanna Gramm
Redaktion: Lore Pötz
Redaktion dieser Auflage: Tanja Schindler
Umschlagfotos: vorne außen: **TLC-Foto-Studio GmbH,** Velen-Ramsdorf („Gemüsepfanne mit pochiertem Ei", S. 47); vorne innen: **FALKEN Archiv;** hinten: **Heinrich Bauer Service KG/city studio,** Hamburg („Hirse-Klößchen auf Tomaten-Lauch-Gemüse", S. 56 re.)
Fotos: S. 8, 11 u., 17 u., 21, 33, 38, 39, 46, 49 o., 57 u., 62: **Heinrich Bauer Service KG/city studio,** Hamburg; S. 37: **Biskin Spezial/Union Deutsche Lebensmittelwerke GmbH,** Hamburg; S. 31: **Bommerlunder/Dr. Muth PR,** Hamburg; S. 53 o.: **Bresso Frischkäse/Ketchum Public Relations,** München; S. 18, 53 u., 55: **CMA-Butterschmalz/Ketchum Public Relations,** München; S. 54: **Deutsche Champignons/Ketchum Public Relations,** München; S. 34, 45 u.: **Deutscher Käse/Ketchum Public Relations,** München; S. 24, 47; **Fiedler PR,** Hamburg; S. 17 o., 57 o.: **Sojaöl/Dr. Muth PR,** Hamburg; S. 25: **USA-Erdnüsse/Dr. Muth PR,** Hamburg; S. 11 o.: **USA-Sonnenblumenkerne/ Ketchum Public Relations,** München; alle anderen Fotos: **FALKEN Archiv**
Produktion/Satz: Dr. Reitter & Partner GmbH, Vaterstetten
Druck: Offizin Andersen Nexö, Leipzig

017290196X817 2635 4453 62